AF139613

Warum ich?
Parkinson ohne Erlösung
von
Michael Baltus

Die in diesem Buch geschriebenen Worte sind meine Meinung. Sie sind hart und gnadenlos zu den Betroffenen. Sie müssen nicht richtig sein, bestätigen aber das von mir Erlebte. Es ist einfach nur meine Meinung und muss nicht der Wahrheit entsprechen.

Irgendwann einmal in meinem glücklichen Leben schlich sich jemand bei mir ein. Wie ein Hausbesetzer, nur dass derjenige sich in meinem Kopf festsetzte und nicht mehr verschwand. Zuerst bemerkte ich den Eindringling gar nicht. Doch ganz langsam nahm er sich einfach, was er wollte. Er nahm mir die Freude, er nahm mir einen funktionierenden Körper, er nahm mir die Arbeit. Er nahm sich eigentlich alles. Doch das Schlimmste, was er sich nahm, war die Hoffnung. Die Hoffnung, ihn wieder loszuwerden. Erst als ich ihn vor ein paar Jahren bemerkte, stellte er sich als Morbus Tremor vor. Ich dürfte ihn aber Parkinson nennen, bot er mir lächelnd an.

Der Leser wird in die Welt der Parkinson-Krankheit mit all seinen Symptomen, Hoffnungen, Nebenwirkungen und Gefühlen mit einbezogen. Hier erfährt er, was es bedeutet, mit Parkinson zu leben.

Warum ich?

Warum nur ich? Diese Frage stelle ich mir wie viele andere an Parkinson erkrankte Mitmenschen tagtäglich.

Warum ist ein Wort, das wir benutzen, um unser Nichtwissen durch Wissen auszutauschen. Stellen wir eine Frage mit Warum, erwarten wir eine Antwort, die uns befriedigt und uns eine Lösung unseres Problems bringt.

Warum benutzen Kleinkinder schon mit ihren ersten Worten, um ihren Wissensdurst stillen zu können.

Meist können wir Erwachsene, als Eltern oder Erzieherinnen im Kindergarten diese von den Kindern gestellten Fragen zu ihrer Befriedigung beantworten. Kinder erwarten von uns die richtigen Antworten auf ihre Fragen.

Doch wer beantwortet die Fragen der Erwachsenen? Vor allem die Fragen, auf die es keine wirkliche Antwort gibt.

So stelle ich mir jeden Tag erneut die Frage, warum ich?

Die gleiche Frage stellen sich Millionen von Menschen und nicht nur ich. Ich spreche hier von meiner Parkinson Erkrankung. Es muss aber nicht wirklich Parkinson sein. Menschen mit anderen schicksalsähnlichen Erkrankungen schauen in den Spiegel und fragen sich ebenfalls immer wieder, warum ich?

Was macht also der Gegenüber, der die Frage gestellt bekommen hat, aber die Antwort nicht kennt? Er redet drum herum.

Er füllt seine Antwort mit Sätzen, die viele leere, nichtssagende Worte beinhalten.

So wie alle Mediziner oder die Pharmaindustrie die Frage gestellt bekommen und diese unbeantwortet lassen muss.

Warum sitzt der Morbus Tremor in meinem Gehirn? Wie ist er dahin gekommen? Was habe ich getan, dass er sich in meinem Kopf eingenistet hat?

Eine einfache Frage, doch niemand auf der ganzen Welt kann sie beantworten.

Jeden Tag findet die Menschheit neue Möglichkeiten das Leben zu verbessern. Wir können heutzutage unsere Roboter oder sogar uns selbst auf den Mars und Mond schicken. Wir bauen immer höher und größer. Können uns in der Luft fortbewegen, obwohl wir keine Flügel haben. Verpflanzen Organe um Leben zu retten. Ich könnte jetzt noch tausend solcher Erfindungen aufzählen, doch trotzdem bliebe meine einzige Frage unbeantwortet. Warum ich?

Da mir noch niemand eine für mich befriedigende Antwort geben konnte, stelle ich mir eine zweite Frage. Möchte der Gefragte überhaupt antworten? So frage ich mich, warum werden wir an Parkinson

Leidende mit unserer unaufhaltsamen, stets fortschreitenden Krankheit alleine gelassen? Diese Frage ist aber einfach zu beantworten. Leider gefällt mir, genauso wie meine Leidensgenossen, die Antwort nicht. Umsatz und Gewinn lautet das Ergebnis meiner Frage. Alle Unternehmen dieser Welt haben nur ein Ziel und das ist so viel Geld zu verdienen wie es möglich ist. Dabei werden auch die Gesundheit und sogar der Tod in Kauf genommen.

In der Medizin ist die Forschung besonders wichtig. Doch genau da liegt das Problem. Forschung kostet Geld. Um genau zu sagen, viel Geld oder noch besser, die Forschung verschlingt Unmengen an Geldern und schmälert den Gewinn. So brechen, wie in meinem Fall, die Pharmaunternehmen aufgrund fehlender Gewinnaussichten ihre Forschungen ab. Das Heil des Menschen spielt dabei keine Rolle. Was zählt ist einzig die Gewinnmarge. Natürlich gibt es viele Forscher, die wirkliches Interesse daran haben ein Medikament auf den Markt zu bringen, das uns von unserer Krankheit erlöst. Doch um die Forschung betreiben zu können sind sie von den Geldern der Pharmaindustrie abhängig und diese fließen nur, wenn durch das Forschungsprojekt der Umsatz später signifikant steigen würde.

Hat ein Unternehmen der Pharmaindustrie wirklich Interesse ein Medikament auf den Markt zu bringen, das uns Erkrankten von Parkinson erlöst oder wollen die Pharmariesen weiter mit ihren nichthelfenden Medikamenten jährlich Milliarden an Euros oder Dollar verdienen?

Gebe es ein Medikament, das plötzlich die Betroffenen von Ihrer Parkinsonkrankheit heilt, würde das Geldverdienen der Pharmaindustrie mit einem Schlag wesentlich reduziert werden. Da dies nicht das Ziel der kapitalistisch denkenden Unternehmen ist, wird also darauf geachtet, weiterhin das Geld der Notleidenden an sich zu reißen anstatt den Erkrankten zu helfen.

Und wieder stelle ich die Frage. Warum ich?

Ich will die Medikamente mit ihren ganzen Nebenwirkungen nicht mehr einnehmen müssen. Doch um die Symptome einigermaßen in den Griff zu behalten, bleibt mir nichts anderes übrig.

Natürlich kommen jetzt Stimmen auf, die von Alternativmedizin sprechen, doch auch hier gibt es keine wirkliche Lösung. Dazu aber später mehr.

Ein angesagter Professor, in der Neurologie eine Koryphäe und Spezialist in Sachen Parkinson, erhöhte meine Medikamentendosierung um ein Vielfaches. Meine Bedenken der ganzen Nebenwirkungen und auch das Nachlassen der Medikamente in ihrer Wirkung, tat er mit dem Satz ab, sie wollen doch jetzt unbeschwerter leben oder?

Natürlich möchte ich das. Aber ich war damals 52 Jahre alt und wollte auch in 10 oder 20 Jahren noch leben.

Niemand kennt die Spätfolgen der ganzen jahrzehntelangen Medikation.

Es wird immer davon gesprochen, dass Parkinsonpatienten ein sechsmal höheres Risiko tragen an Demenz zu erkranken. Jetzt kommt wieder mein Warum?

Liegt es wirklich an Parkinson oder kommt die Demenz durch die jahrelange Einnahme der Medikamente?

Unter vorgehaltener Hand wird über die Demenz durch einige Parkinsonmedikamente gesprochen. Doch die Wirklichkeit wird verschwiegen, denn auch mit diesen Medikamenten wird Geld verdient und zwar sehr viel Geld.

Ich bin also, wie viele meiner Leidensgenossen, der Mann mit der Goldhose für die Pharmaindustrie. Bleiben wir weiterhin krank, wird auch weiter mit uns Milliarden an Euros oder sonstiger Währung verdient.

Es besteht als gar kein Interesse daran uns zu heilen, es sei denn, sie sind selbst Betroffene.

Meine geschriebenen Worte lesen sich bis hierher hart und hoffnungslos. So ist aber die Realität. Die wirklich nackte Wahrheit wurde einfach von mir in den vorigen Sätzen beschrieben.

Keine Angst, noch hat die Demenz bei mir nicht eingesetzt oder zumindest glaube ich das. Ich weiß, was ich schreibe. Doch wir an Parkinson erkrankte Menschen wissen auch, wir sind bisher ohne Hoffnung auf Heilung.

Und wieder frage ich mich. Warum ich?

Das große Problem, dass wir haben, ist das, dass niemand weiß, wie und woher die Krankheit eigentlich kommt.
In Frankreich gilt sie als Berufskrankheit unter den Landwirten und Winzern. Es wurde dort festgestellt, dass in den Dörfern der Weinanbaugebiete ein erhöhtes Aufkommen der Parkinsonkrankheit zu erkennen ist. Der Grund sollen die Pestizide sein. Das mag wahr sein. Ich kann und möchte dieser These nicht widersprechen. Doch auch ich habe den Morbus Tremor in mir und habe noch nie mit Pestiziden zu tun gehabt, noch wohne ich in der Nähe von irgendwelchen Rebstöcken.
In Island gibt es die weltweit höchste Rate an Parkinsonerkrankungen. Warum gerade dort, frage ich mich? Die Antwort mögen die vielen noch aktiven Vulkane und Geysire geben. Es soll wissenschaftliche Studien geben, die das Fördern von Parkinson durch Schwefelwasserstoff bekräftigen.
Durch die Vulkane auf Island wird ein Vielfaches an Schwefelwasserstoff in die Umwelt ausgestoßen und die Leittragenden sind dann die Menschen, deren Blut-Hirn-Schranke nicht mehr in Ordnung ist. Sie könnten dann an Parkinson erkranken. So die Theorie.

Ich lebe aber nicht auf Island und deshalb frage ich wieder: Warum ich?
Die Wissenschaftler, Forscher und Mediziner strampeln einfach im Dunkeln.
Sie sind trotz ihres riesigen Wissens in der einen Frage genauso unwissend wie ich.
Genau deshalb gibt es auch keinen Punkt an denen sie ansetzen könnten.
Neueste Studien wollen beweisen, dass die Krankheit aus dem Darm kommt. Was hat der Darm mit Parkinson im Gehirn zu tun?

Neue Forschungsergebnisse aus den letzten Jahren, die nun veröffentlicht wurden, bestärken die Forscher darauf hinzuweisen, welche Rolle das ausgewogene Gleichgewicht der Darmbakterien für die Gesundheit des ganzen menschlichen Körpers spielt. Viele Parkinson-Erkrankte litten lange vor dem Ausbruch der Erkrankung an Verdauungsproblemen. Studien in Finnland weisen außerdem darauf hin, dass die Darmflora von Parkinson-Kranken sich von denen anderer Menschen unterscheidet. Typisch für Parkinson-Patienten sind Proteinklumpen. Diese werden im Übrigen auch bei Alzheimer Patienten und anderen Hirnerkrankungen nachgewiesen.

Gibt es also einen Zusammenhang zwischen Darmbakterien und neurodegenerativen Krankheiten? Bakterien der Darmflora können das Absterben von Nervenzellen auslösen. Diese Hypothese wird unterstützt von einem Forscherteam vom Caltech Institute in Pasadena. Hinweise geben Studien an Mäusen.

Die erste Versuchsreihe startete mit Mäusen, die genetisch bedingt, besonders viel α-Synuclein produzierten. Als Folge kam es in den Zellen im Gehirn und im Darm der Mäuse zu Klumpenbildung. Die Klumpen wirken neurotoxisch wie ein Nervengift, das Zellen zerstört. Eine Kontrollgruppe bestand aus Mäusen, die ebenfalls genetisch bedingt zu viel α-Synuclein-produzierten. Diese wurden in einer keimfreien Umgebung aufgezogen, hatten also keine Darmflora und zeigten kaum motorische Probleme. Wurde die Darmflora von diesen Parkinson-Mäusen mit Antibiotika zerstört, reduzierten sich auch hier die motorischen Defizite. Das Forscherteam injizierte den keimfrei aufgezogenen Tieren etwas Kot von Parkinsonpatienten in den Verdauungstrakt und in nur wenigen Wochen wiesen die Tiere motorische Defizite auf.
Folgende Fragen stellen sich mir dabei:
Warum wirken Darmbakterien auf das Gehirn?
Wie ist der Kommunikationsablauf?

Bei Nahrungsmittelabbau durch Darmbakterien entstehen Fettsäuren, die im Gehirn spezielle Immunzellen regulieren, die sog. Mikroglia. Wurden die keimfreien Mäuse mit diesen Fettsäuren „gefüttert", wiesen die Mäuse in nur wenigen Tagen Entzündungen im Gehirn auf und nach einigen Wochen Symptome, die Parkinson sehr ähnlich sind. Die Forscher halten es für durchaus denkbar, dass die Zusammensetzung der Darmflora und die sich daraus ergebende Zusammensetzung der Fettsäuren zu einer vermehrten Ausschüttung entzündungsfördernder Substanzen durch die Nervenzellen im Gehirn führen, was die Bildung von α-Synuclein-Klumpen zur Folge haben könnte. Der nächste Forschungsschritt ist nun, die Darmbakterien herauszukristallisieren, die Auslöser all dieser Prozesse sind.
(Ich bedanke mich für die Veröffentlichung im Internet, woher ich die letzten Sätze in umgeänderter Satzgestaltung übernehmen konnte).

Bei geschädigter Darmflora können die Wissenschaftler heute schon zehn Jahre vor Austritt der Parkinsonkrankheit feststellen, ob der Mensch irgendwann mit Parkinson leben muss. Doch auch hier ist die Forschung noch Lichtjahre davon entfernt, den Betroffenen die Hoffnung zu unterbreiten, ein Heilmittel auf den Markt zu bringen.

Das bei fast allen Parkinsonbetroffenen der Darmtrakt gestört ist, ist kein Geheimnis. Wir an Parkinson leidende Menschen kämpfen mit Verstopfung und Inkontinenz. Niemand redet gerne über solch ein intimes und peinliches Thema. Doch dieses Problem sitzt uns wie der Schalk im Nacken.

Ich persönlich bekam vor sieben Jahren die Diagnose an Parkinson erkrankt zu sein. Die ersten von mir im Nachhinein erkannten typischen Symptome waren aber schon mindestens zwei Jahre vor dem Ausbruch der Krankheit zu erkennen. Ich wusste nur nicht über den Parkinsonverlauf und dessen Symptome Bescheid. Doch eines kann ich jetzt mit Sicherheit berichten und zwar, dass ich schon über zehn Jahre vor der Diagnose mit meiner Darmflora zu kämpfen hatte. Nach einer anständigen Mahlzeit, die ich wo immer auch zu mir genommen habe, durfte die Toilette nicht weit sein. Es war schon so weit, dass ich durch unser Unwissen und meiner Toilettengänge in Urlauben und bei Restaurantbesuchen in heftige Diskussionen mit meiner Frau hineingezogen wurde. Jetzt wissen wir es besser und haben uns damit abgefunden.

Das Problem ist aber noch immer peinlich vorhanden. Denn wenn man seinen Darm, wie ich durch meinen Freund Parkinson nicht in den Griff bekommt, passiert es oft, dass sich die Blähungen von ganz alleine, ohne vorherige Ankündigung den Weg ins Freie suchen. Wenn dabei dann noch ein Laut entsteht, ist die Peinlichkeit für alle im Umkreis ersichtlich.

Aber nicht nur das Anhalten des Wasserlassens oder den Stuhlgang für einige wenige Minuten zu verzögern, kann zur ungewollten Katastrophe führen. Ich persönlich kann mir nicht mehr erlauben, ohne Taschentücher aus dem Haus zu gehen. Da jetzt jeder weiß oder es sich denken kann, was ich meine, möchte ich dieses Thema nicht weiter beschreiben. Ich hoffe auf das Verständnis des Lesers.

So ist das Leben mit Parkinson nun einmal.

Keine Krankheit taugt wirklich etwas. Die Gesundheit zu schätzen, nimmt der gesunde Mensch als selbstverständlich hin. So ist es aber nicht. Gesund zu sein ist nicht selbstverständlich, sondern ein Privileg. Jede Person sollte wissen, dass es mit der Gesundheit von einer Sekunde auf die Andere vorbei sein kann. Deshalb schützt dieses Privileg, so lange es euch an der Seite steht.
Der kranke Mensch, dabei ist es egal welche Krankheit ihn überfallen hat, weiß was ich meine.

Jetzt ist es bei der Parkinsonkrankheit anders als bei den meisten anderen Leiden, die den Menschen im Laufe seines Lebens überfallen. Die Kranken, die nicht an Parkinson leiden, aber dennoch schwer erkrankt sind, mögen mir meine nächsten Sätze verzeihen. Ich weiß, Multisklerose oder ALS sind ähnlich problematisch und deshalb mit Parkinson gleichzusetzen.
Jeder Mensch war schon einmal krank. Zumindest hat ihn mal eine Erkältung oder die Influenza flachgelegt. Mir ging es in meinem Leben auch schon etliche Male so. Nur wusste ich, in ein paar Tagen bin ich wieder gesund. Zumindest hoffte ich das jedes Mal und die Hoffnung hatte sich bisher auch immer bestätigt. Natürlich sterben auch Menschen an der Grippe. Doch zum größten Teil ist der Mensch nach einigen Tagen wieder gesundheitlich hergestellt. Bricht sich jemand das

Bein, eine Rippe oder sonstige Knochen, schaffen es die Mediziner ihn meistens wieder hinzubekommen. Sogar beim Krebs, diese heimtückische, oft tödlich ausgehende Krankheit, gibt es Hoffnung auf Genesung. Natürlich möchte ich keinen Krebs bekommen und gönne auch niemanden dieses Elend mit der ganzen Behandlung, wie Chemotherapie und Bestrahlungen, sowie die vielen Operationen. Doch es gibt bei dieser Krankheit noch immer das Fünkchen Hoffnung. An diesen, wenn auch kleinen Strohhalm, kann sich der Erkrankte halten und hoffen.

Ich kenne und kannte eine Menge Leute, die an Krebs litten. Viele sind leider nicht mehr unter uns und erlagen der schlimmen Krankheit. Es haben aber auch einige überlebt und sie sind seit Jahren wieder gesund. Sie hatten sich hoffnungsvoll an diesen kleinen Strohhalm geklammert und ihre Hoffnung auf Heilung hatte sich bestätigt.

Jetzt kenne ich mittlerweile noch viel mehr Menschen mit dem Parkinsonsyndrom. Alle diese Menschen, mich eingeschlossen, kämpfen gegen diesen Eindringling in ihrem Hirn mit allen bekannten Mitteln an. Doch ich kenne niemanden, noch habe ich von irgendjemandem gehört oder gelesen, der von Parkinson geheilt wurde. Was uns allen mit der Diagnose Parkinson genommen wurde, ist die Hoffnung auf Heilung. Wir Betroffene wissen, wir führen seit dem Tag des Wissens um unser Leiden, ein hoffnungsloses Leben auf Genesung und das jeden Tag, jede Stunde, sogar jede Minute.

Wir gehen mit dieser Hoffnungslosigkeit abends ins Bett und stehen morgens mit ihr wieder auf. Obwohl vom Aufstehen, wie es gesunde Menschen tagtäglich praktizieren, kann keine Rede sein. Aber dazu später auch noch mehr.

In dieses Gefühl der Hoffnungslosigkeit kann sich nur ein Betroffener hineinversetzen. Zu Anfang hörte ich tröstende Worte in meinem Bekanntenkreis wie, Micha du bist ein Kämpfer, du machst das schon. Nur das der Kampf, den ich noch immer führe, erfolglos bleiben wird, ist mir klar.

Es ist ja so. Mit der Diagnose Parkinson ist man ja nicht sofort krank. Man hat vielleicht kleinere Symptome an sich erkannt und ging zum Neurologen. Ich zum Beispiel fühlte mich als Sportler fit und gesund, als ich bei den Ärzten antrat. Auch nach dem Ergebnis Parkinson ging es mir körperlich hervorragend. Was im Kopf passiert beschreibe ich später noch ausführlicher. Durch mein jahrzehntelang praktiziertes Muskel- und Krafttraining im Fitnessstudio sah ich äußerlich aus wie das blühende Leben, und so fühlte ich mich auch, und nun sagten die Ärzte ich sei krank. Ich war doch fit und gesund mit Muskeln bepackt und ein Vorbild für viele andere Männer in meinem Bekanntenkreis. Wenn man krank ist, dann sollte man doch auch die Krankheit fühlen oder zumindest körperlich bemerken. So ist es aber nicht. Parkinson kommt langsam. Er öffnet die Tür zum Hirn leise und unbemerkt. Dann macht er es sich in der sogenannten Substantia Nigra, die eine Ansammlung von Gehirnzellen, den Basalganglien breit. Langsam gewöhnt er sich dann an seine Umgebung und lässt die dopaminausstossenden Nervenzellen absterben. Dopamin ist der Botenstoff, der die Beweglichkeit der Muskeln steuert. Dieser Vorgang dauert Jahre und wird erst dann von dem an Parkinson erkrankten Menschen bemerkt, wenn 80% der zuständigen Nervenzellen die Funktion Dopamin auszuschütten abgestorben sind. Jetzt beginnt das Fortschreiten der Krankheit und wird für den Patienten selbst wie für sein Umfeld ersichtlich. Die Gangart ändert sich genauso wie der ganze Bewegungsablauf. Doch das fehlende Dopamin beeinflusst viel mehr als nur den Bewegungsablauf. Der Botenstoff Dopamin steuert unser Verhalten, unsere Freude, unsere Motivation und unsere sexuelle Lust.

In den 1970igern strahlte das deutsche Fernsehen eine Serie mit mehreren Folgen aus. Timm Tahler hieß diese Fernsehsendung und Thommy Ohrner wurde an der Seite des Schauspielers Horst Frank zum Kinderstar. Auf jeden Fall spielte Horst Frank in der Serie einen Baron, der nie lachen konnte. Timm Tahler aber hatte ein blühendes, ansteckendes Lachen. Um dieses fröhliche Lachen beneidete der Baron den kleinen Jungen und machte Timm das Angebot, ihm sein Lachen abzukaufen. Der Kleine ließ sich darauf ein und wurde der traurigste Mensch auf Erden, während der Baron nun mit seinem Lachen für alle sympathisch rüber kam. Timm wollte sein Lachen wieder haben und der Baron es nicht mehr hergeben. Das ist der Inhalt der Fernsehserie gewesen.

Wir an Parkinson leidende Menschen haben ein ähnliches Problem. Nur das wir unsere Freude nicht verkauft und die Hoffnung haben, sie irgendwie wieder zu bekommen. Nein, uns wird durch Parkinson ganz langsam die Freude geklaut.

Wir bezahlen nur nicht mit Geld dafür wie der Baron, sondern unsere Währung heißt Dopamin. Parkinson stiehlt uns also unser Lachen.

Parkinson hat aber einen ganzen Koffer bei seinem Einzug in unserer Substantia Nigra mitgebracht. In diesem Koffer sind aber keine Bekleidungsstücke, sondern Nebenwirkungen und Symptome der Krankheit. Und diese in sehr reichlicher Anzahl. Wir unterscheiden dabei unter der Muskelsteifheit, dem Rigor, der Bewegungsarmut, der Akinese, dem Ruhezittern, genannt Tremor und der Störung der Haltungsstabilität und Gangsicherheit, die posturale Instabilität.
Unter diesen Hauptsymptomen teilen sich noch weitere Symptome folgend auf.
- Sensorische Symptome (Empfindungsstörungen-Dysästhesien, erhöhte Schmerzempfindlichkeit, Riechstörungen)
- Vegetative Symptome (Talgproduktion im Gesicht, Blutdruckstörungen, Temperaturregelung des Körpers, Beeinträchtigung von Blase und Darm und die sexuellen Funktionen)
- Psychische Symptome (Angstzustände, Depressionen, Frustration, Verwirrtheit, zwanghafte Verhaltensweisen)
- Schlafstörungen jeglicher Art mit lebhaften und unangenehmen Träumen.
- kognitive Symptome

(Störungen der Aufmerksamkeit, Antrieb zu schlussfolgerndem Denken, fortschreitende Demenz).

Dieses sind nur einige wenige Nebenwirkungen mit denen der Parkinsonerkrankte zu kämpfen und vor allem zu leben hat.
Diese alleine haben es aber schon in sich und wir müssen diese Nebenwirkungen ohne Hoffnung auf Linderung akzeptieren. Es ist wie in ein tiefes Loch ohne Boden zu fallen. Es gibt einfach kein Stopp. Ich war ja schon so weit, dass ich gar nicht mehr geheilt werden möchte. Diesen Wunsch habe ich begraben, aber den Krankheitsverlauf unterbrechen oder einzufrieren, davon träume ich noch immer. Dazu eine kleine Anmerkung zwischendurch. Liebe Pharmaindustrie, lasst mich dieses kleine Fünkchen an Hoffnung nicht auch noch begraben müssen.

Nach einer meist unruhigen Nacht, indem ich mit erheblichen Schlafstörungen um Ruhe kämpfe, versuche ich aus dem Bett zu kommen. Sieben Jahre ist es nun her, seit meiner Diagnose Parkinson. Jetzt ist es so. Ich schlafe irgendwann in einer Seitenstellung im Bett ein. Der normale Mensch dreht und wälzt sich im Schlaf automatisch und erwacht am anderen Morgen meist ausgeschlafen. Er guckt auf den Wecker bleibt noch etwas zu seiner Entspannung liegen oder erhebt sich sofort aus seinem Bett. So oder ähnlich spielt es sich bei den meisten der 82 Millionen Einwohner in Deutschland jeden Tag ab. Nicht so bei mir und den anderen Erkrankten mit ihrem Besuch im Kopf. Wir werden genauso wach, wie wir eingeschlafen sind. Oft passiert es mitten in der Nacht mehrmals, weil der Schmerz durch die Steifheit, die sich nachts bei uns einschleicht, unerträglich wird. Wir drehen und wenden uns im Schlaf nicht. Das ist aber nötig, um die Erholung zu bekommen, die der Schlaf mit sich bringen sollte. Für uns heißt dies, wach werden, sich mühsam erheben und irgendwie anders hinlegen. Jetzt dürfen wir endlich mal hoffen. Wir hoffen bei diesen Phasen wieder einschlafen zu dürfen. Oft gelingt dies aber nicht. Am anderen Morgen öffnen wir gerädert die Augen. Der ganze Körper schmerzt. An Aufstehen ist gar nicht zu denken. Erst einmal die am Abend vorher vorbereitete Tablette Madopar LT in Lösung geben und runter damit. Es dauert eine halbe Stunde bis das Medikament wirkt. Madopar ist ein Levodopa-Präparat. Das Levodopa schafft es aber nicht die Blut-Hirn-Schranke zu überwinden und benötigt deshalb das beigesetzte Benserazid, das auch als Benserazidhydrochlorid bekannt ist. Der erste Giftcocktail wird also schon vor dem Aufstehen eingenommen. Auf alle Fälle laufen die Leber und die Nieren im Gegensatz zu mir sofort auf Höchstleistung. Irgendwie schaffe ich es dann doch mit quälendem Gesichtsausdruck, der Schmerzen wegen aus dem Bett zu kommen. Gewonnen? Oder doch nicht?

Jetzt stelle ich mir wieder die Frage: Warum nur ich?

Bei jedem Aufstehen fühle ich mich wie ein hundertjähriger Greis. In gebückter Schonhaltung schleiche ich langsam ins Badezimmer und falle auf die Keramikschüssel. Wenn ich dann fertig bin, heißt es auf die Zähne beißen und von dort wieder hoch. Wenn ich dann die Treppenstufen ins Erdgeschoss geschafft habe, löst sich so langsam meine ganze körperliche Blockade. Der Weg führt mich in die Küche, wo der nächste Medikamentencocktail auf mich wartet.

1Milligramm Azilect, der Arzneistoff heißt Rasagilin und ist ein Methansulfonat mit erheblichen Nebenwirkungen. Mit der Einnahme können Magen-Darm-Probleme, Appetitlosigkeit, Gewichtsverlust, Kopfschmerzen und Schwindel auftreten. Der Wirkstoff ist ein Monoaminoxidase-B-Hemmer. Er blockiert das Enzym, das für die Aufspaltung des Neurotransmitters Dopamin im Gehirn zuständig ist. Neurotransmitter sind Botenstoffe, die mit ihren Nachbarzellen kommunizieren.

Dazu noch 100 Milligramm Levodopa mit 25 Milligramm Benserazid.

Gegen den Blutdruck auch noch eine Kapsel und der Morgen kann beginnen.

Nach einer halben Stunde darf dann der Hunger endlich beim Frühstück gestillt werden. Es ist ja nicht so, dass wir unsere Medikamente nehmen können wie wir wollen. Das zugeführte Levodopa streitet sich mit den beim Essen eingenommen Proteinen um die Andockzellen der Nerven. Die gleichzeitige Einnahme von Levodopa mit proteinreicher Nahrung, könnte die Resorbtion von Levodopa kompetitiv hemmen. Deshalb mindestens eine halbe Stunde mit dem Essen warten oder mindestens 90 Minuten nach der Mahlzeit das Medikament zu sich nehmen. Nach dem Frühstück gehe ich bisher immer mit unserem Akita Samu Gassi. Ich nenne diesen frühmorgendlichen Spaziergang immer das Einlaufen für den Tag und dauert eine halbe Stunde. Danach kann ich mich einigermaßen bewegen. Die Steifheit ist fast verschwunden und die Medikamente auf dem Höhepunkt ihrer Wirksamkeit.

Um nicht wieder in die Steifheit zu verfallen, besuche ich dreimal die Woche das Fitnessstudio und betreibe meine Physiotherapie. Es ist kaum zu glauben, aber der Hausbesetzer in meinem Kopf raubt mir nicht nur die Kraft, auch meine über 30 Jahre hart antrainierten Muskeln verschwinden genauso schnell wie das Zittern zulegt. Egal wie sehr ich versuche dagegen anzukämpfen, auch in diesem Fall siegt Parkinson und die Hoffnungslosigkeit. Doch der Sport ist seither mein Leben und ich lasse ihn mir nicht von diesem Eindringling, der mir mein Leben immer schwerer macht, nehmen.

Im Gegenteil etwas hat mir Parkinson auch gegeben. Wissenschaftlich ist seit kurzem bewiesen, dass Tischtennisspielen die Symptome lindern kann, deshalb spiele ich seit einem guten Jahr Ping Pong als Therapieform gegen meine Krankheit. Auch dazu werde ich noch genauer berichten.

Gegen 12 Uhr mittags spüre ich dann wie die Wirkung der Medikamente nachlässt. Es wird Zeit die nächste Levodopa einzuwerfen. Es ist auch die Phase am Tag, in der die erste Müdigkeit eintritt. Es ist für mich dann unwahrscheinlich schwer nicht einzuschlafen oder mich zu konzentrieren.

Sich über längeren Zeitraum zu konzentrieren, fällt mir sowieso seit der Diagnose immer schwerer. Ich merke das am besten beim Tischtennis. Am

Anfang sitzen meine Schläge noch einigermaßen, doch nach einiger Zeit werden diese vorher noch präzise gespielten Bälle immer ungenauer, bis dahin, dass ich den Ball gar nicht mehr auf den Tischtennistisch bekomme. Da ich von kleinauf ein sehr ehrgeiziger Mensch bin, bringt mich dieser Zustand fast zur Verzweiflung. Nach dem Mittagessen beginnt meine Ausruhphase. Am Nachmittag noch einmal eine Runde mit Samu und dann relaxen. Zweimal die Woche am frühen Abend zum Ping Pong, um die Beweglichkeit zu wahren. Vorher noch eine Levodopa und dann die Therapie mit dem kleinen Ball und dem Schläger. Danach noch eine Kleinigkeit essen. Gegen 21 Uhr dann die Pramipexol einwerfen und vor dem Fernseher von der Erschöpfung einfangen lassen. Über das Medikament Pramipexol und seine Wirkung werde ich noch separat schreiben. Mit dem Zubettgehen die letzte Tablette.Madopar Depot, eine Retardkapsel, die ihren Wirkstoff über Stunden abgeben soll.

So ungefähr läuft mein Tag zurzeit ab. Wie gut, dass ich nicht mehr arbeiten muss und die Erwerbsminderungsrente bekomme.

Arbeit! Das ist auch ein Thema, dass ich hier ansprechen möchte. 37 Jahre habe ich für das gleiche Unternehmen geschuftet. 12 Stunden voll kontinuierliche Wechselschicht und das 34 Jahre ohne Unterbrechung. Im wöchentlichen Rhythmus Tagschicht und Nachtschicht. Mit Sicherheit nicht für die Gesundheit förderlich und schon gar nicht die letzten Jahre mit der Parkinsonerkrankung. Aber ich habe gut verdient und es fiel mir schwer dort loszulassen. Es war Anfang der 1980er, genau genommen 1983. Ich gehörte der Szene der New Waver an, andere sagten einfach ein Edelpunk. Wir lebten die 80er und amüsierten uns in unserer Jugend. Die Welt mit der dazugehörenden Musik gehörte uns.

Genau in dieser Zeit musste ich mich entscheiden, wohin meine berufliche Reise mich führen sollte. Ich schrieb fünf Bewerbungen, bekam drei Zusagen und heuerte bei einem riesigen Chemieunternehmen in der Nachbarstadt an. Eigentlich hätte ich wie meine Jugendfreunde in Gelsenkirchen (meine Heimat damals) auf der Zeche meinen Berufsweg finden sollen. Doch die chemische Industrie schien mir zukunftssicherer. Ich startete dort meine dreijährige Ausbildung und bildete mich direkt danach in der Abendschule weiter. So kam es, dass ich schon in jungen Jahren eine mittlere Führungsposition besetzen durfte. Den Job, den ich ausführte liebte ich und so kamen die 37 Jahre in dem gleichen Unternehmen zustande. Bis der Zeitpunkt eintrat, als Parkinson mich nicht mehr arbeiten lassen wollte.

Als ich die Schockdiagnose im Jahr 2016 in der Universitätsklinik Essen bestätigt bekam, war ich körperlich und geistig noch nicht eingeschränkt und voll im Saft. Ich wollte meinen Kopfbesetzer geheim halten und niemanden von meinem Schicksalsschlag erzählen. Ich arbeitete einfach weiter und tat als wäre nichts geschehen. Dieser Plan ging auch 2 Jahre auf. Bis meine Gangart sich typisch für Parkinsonerkrankte wesentlich änderte. Mein linker Arm schwang nicht mehr mit, der Oberkörper war vorn über gebeugt und das durch den Tremor erzeugte Zittern wurde bei Stress sichtbar. Auch das Anziehen der Arbeitsjacke fiel mir unter den Blicken meiner Mannschaft immer schwerer.

Das waren die ersten physischen Anzeichen, die auch meine Mitarbeiter erkannten. Aber schlimmer als die körperlichen Defizite, die eintraten, war mein veränderter psychischer Zustand. Durch die immer häufiger eintretenden Schlafstörungen, die ewige Müdigkeit und die dadurch resultierende Unkonzentriertheit, war ich nicht mehr in der Lage mich wach zu halten. Die ständig einzunehmenden Medikamente steuerten ihren Anteil noch dazu. Nach fünf Jahren war ich aufgebraucht.

Mittlerweile habe ich auch meinem gesamten Umfeld meine Krankheit mitgeteilt. Ich beschloss schweren Herzens den einzigen noch für mich sinnvollen Weg zu gehen. Mit der Unterstützung meiner Frau beantragte ich nach der dritten Rehabilitation in einer Klinik der Rentenversicherung die Erwerbsminderungsrente. Es war eine furchtbare Zeit. Nach 12 Stunden Nachtschicht zuhause um 7 Uhr ins Bett zu gehen und nicht schlafen zu können. Um 9 Uhr übermüdet aufgestanden, nachmittags einzuschlafen, nur um die Nacht wieder schlaflos im Bett zu liegen und das über Jahre. Ich hatte mich psychisch und physisch zugrunde gerichtet. Mein Körper hatte kapituliert. Nur wollte ich zuerst von dieser Kapitulation nichts wissen und zog mein Pensum ohne Rücksicht auf die eigenen Verluste gnadenlos durch. Ich betrieb zu diesem Zeitpunkt Raubbau an meinem eigenen Körper. Gott sei Dank warf meine Frau dann für mich den Anker ins Wasser und half mir wieder in ruhigere Gewässer zu schiffen.

Ein halbes Jahr nach der Antragstellung wurde mir die Erwerbsminderungsrente zugesprochen. Heute weiß ich, dieser Moment, den ich damals gar nicht wollte, war meine Rettung. Hätte ich so weiter gemacht, würde ich jetzt nicht mehr hier sitzen und diese vielen Worte aufs Papier bringen.

So endete mein Berufsleben dank Parkinson im Alter von 54 nach 37 Jahren im gleichen Unternehmen.

Die Schlafstörungen begleiten mich noch heute, sind aber bei weitem nicht mehr so heftig wie zu meiner Zeit auf Wechselschicht.

Doch Parkinson lässt sich durch nichts stören oder gar aufhalten. Er macht einfach weiter. Eingenistet wie das Alien in den gleichnamigen Film von 1979 mit Sigourney Weaver hat sich dieser unsichtbare Feind in meinem Körper eingenistet. Er frisst mich von innen her auf und ich bin ihm machtlos ausgeliefert.

Der Tremor breitet sich weiter aus. Anfangs war nur ein leichtes Zittern in meinem linken Arm zu spüren. Kaum sichtbar, eher wie ein leichter Stromfluss, der durch den Arm schlich. Aus dem Zittern wurden zittrige Bewegungen, jetzt auch für andere Personen sichtbar. Dazu vergnügte sich Parkinson dann an meinem linken Bein. Es in der Ruhephase wirklich ruhig zu stellen, ist mir kaum noch möglich. Aber die Krankheit gibt sich damit nicht zufrieden. Jetzt nimmt sie gerade meine rechten Extremitäten in Besitz und ich kann dabei nur zuschauen. Parkinson ist einfach ein hinterlistiger Feigling. Er soll sich mir doch stellen. Mann gegen Mann. Doch er versteckt sich lieber und greift mich aus dem Hinterhalt an.

So auch beim Autofahren. Lange Strecken am Gaspedal hinter sich zu bringen ist mittlerweile ein nicht mehr zu bewältigendes Ereignis geworden. Wir mussten deshalb kürzlich unser Wohnmobil verkaufen. Mit Tränen in den Augen sahen wir den Käufer mit unserem Mobilheim und den ganzen schönen Erinnerungen wegfahren. Und wieder hat mein Hausbesetzer mir ein Stück von meinem

bisherigen Leben genommen.
Aber auch die Kurzstrecken im PKW machen mir Probleme. Die Schmerzen, die ich beim Autofahren im linken Fuß bekomme, sind unerträglich. Mein Fuß fühlt sich dann in der Ruhephase (ich fahre einen Automatikwagen) an, als wenn er im Schraubstock stecken würde und der Herr Inquisitor dreht diesen langsam zu. Danke Herr Parkinson, dass du mir nun auch noch das Autofahren verdirbst. 245 Pferdestärken, die in der Garage zu Ackergäulen werden.
Es ist aber nicht nur mein linker Fuß, der mir beim Fahren Schmerzen bereitet. Auch mein Rücken verkrampft und gibt mir das Gefühl, jemand sticht und dreht gerade einen Dolch in mir herum und das nicht kurzfristig, sondern als Dauerzustand.
Auch das ist so eine Kleinigkeit, die Mr. Parkinson mit sich bringt.
Immer wieder frage ich mich, warum ich?
Es muss doch irgendwann einmal eine Lösung für alle Betroffenen auf den Markt kommen. So kann es doch nicht weitergehen. Die Lebensqualität nimmt immer weiter ab. Wie soll da noch die dopaminreduzierte Freude und der Spaß aufkommen?
Oft hörte ich schon von Gleichgesinnten, ich wäre nicht richtig eingestellt. Also meine Medikation würde nicht stimmen. Daraufhin frage ich, wie viel von dem Giftzeug muss ich denn meinem Körper täglich zumuten?

Oh der arme Kerl, hatte jahrelang Parkinson und ist an Leberzirrhose oder Nierenversagen gestorben. An Parkinson stirbt nämlich niemand, nur mit Parkinson wird man sechs Fuß tief verbuddelt.

Kommen wir noch mal zu dem eigentlichen Thema zurück. Meine Schmerzen, die mir Parkinson jeden verfluchten Tag bereitet. Natürlich möchte mir die Pharmaindustrie jetzt noch hochdosierte Schmerzmittel verkaufen und ihren Gewinn noch weiter steigern.

Aber auch die angeblich positiven Wirkungen von Naturheilmitten, die den Parkinsonerkrankten helfen sollen, rufen viele Unternehmen auf, den Gutgläubigen oder Hoffnungsvollen das Geld aus der Tasche zu ziehen. Auch hier entwickelte sich ein Industriezweig, der Milliarden Umsätze in jedem Geschäftsjahr umsetzt. Mit der Hoffnung der Hoffnungslosen lässt sich eben schnell Geld verdienen.

Leute, bleibt auf dem Teppich. Es gibt bisher nichts, dass den Krankheitsverlauf stoppen oder beenden kann.

Es können nur Mittel angewandt werden, die die Symptome etwas lindern. So kenne ich eine Person, die auf Marihuana schwört. Sie leidet schon seit ihrem frühen Erwachsenenleben an Parkinson. Die täglich eingenommenen Medikamente konnten durch die Leber und die Nieren nicht neutralisiert und so ihr Körper nicht mehr entgiftet werden. Über das Fehlverhalten vieler Ärzte bei Patienten in dieser Phase schreibe ich später noch etwas. Die Dame wusste sich auch nicht mehr zu helfen, und da half der Zufall ein wenig mit. Vor kurzem wurde medizinisches Cannabis in Deutschland für die Schmerzbekämpfung auf Rezept eines Arztes freigegeben. Meine Bekannte probierte dies aus und war begeistert von der Linderung ihrer Parkinsonsymptome durch die Wirkung von Cannabis.

Im Internet kann sich jeder ein Bild von der angeblichen Wirkung durch Marihuana bei Parkinsonpatienten machen.

Dort gibt es die Dokumentation mit dem Titel „Ride with Larry".

Larry Smith ist ein an Parkinson gehandikapter Unternehmer. Als ehemaliger Polizist ist er als harter Kerl in seinem Umfeld bekannt gewesen. Vor über 20 Jahren wurde bei ihm dann Parkinson diagnostiziert.

Larry versuchte wie alle anderen auch, gegen die Krankheit anzukämpfen und wollte seine Grenze austesten. Er organisierte sich ein Liegefahrrad und dachte darüber nach, durch seinen Bundesstaat South Dakota zu radeln. Seinen Trip mit dem Liegefahrrad begleiteten oft für einige Teilstücke andere Menschen mit ihm und die Öffentlichkeit wurde auf ihn aufmerksam. Das interessante, warum Larry im Internet zu sehen war, kam mit der Überquerung der Staatsgrenze. Larry rauchte dort medizinisches Cannabis, das in South Dakota illegal war. Zur Überraschung aller Anwesenden und Begleiter fand eine wesentliche Verbesserung seiner schweren Parkinsonsymptome statt. Für einen kleinen Zeitraum war Larry fast symptomfrei. Für ihn und seine Angehörigen fast ein Wunder. Larry hatte nun nur ein Problem. Das Gesetz in seinem Bundesstaat verbot ihm den Konsum von Marihuana. Das Gesetz in South Dakota verhinderte so, dass er gesünder, glücklicher und schmerzfreier leben könnte.

Jetzt hat Parkinson es auch noch geschafft, juristisch im Recht gegenüber seinem Wirt zu sein. Zumindest in South Dakota.

Ich habe mir die Dokumentation auf You Tube angesehen und ringe mit mir, es auch mal auszuprobieren. Was soll schon bei einem Joint passieren? Nur ein Dauerzustand und die Erlösung unserer Probleme wird Cannabis auch nicht sein. Auch einen wissenschaftlichen Zusammenhang, der von einer Linderung ausgeht, gibt es in bisher keiner Studie, egal was diejenigen sagen, die auch hiermit ihr Geld verdienen.

Die Pflanze Cannabis Sativa, auch als Marihuana bekannt, enthält über 60 unterschiedliche Cannabinoide und diese binden sich an einem Cannabinoidrezeptor. Verantwortlich für die psychoaktive Wirkung hat dabei nur das Tetrahydrocannabinol, kurz THC genannt. Wir benötigen aber nur die endogenen Cannabinoide, welche die Rezeptoren im Gehirn umfassen. Dabei wirken diese auf Gehirnchemikalien wie Dopamin. Doch keine klinische Forschung konnte den Beweis antreten, dass motorische und nichtmotorische Symptome der Parkinsonkrankheit wie Schmerzen, Schlafstörungen, Verhaltensstörungen und Psychosen gelindert wurden. Außerdem könnte es eine Wechselwirkung von Cannabis mit den einzunehmenden Medikamenten geben und niemand kennt dann die schwerwiegenden Folgen. Doch Larry war es egal, er rauchte seinen Joint und es ging ihm besser. Da fällt mir der Spruch ein. Rauchst du morgens einen Joint, dann wird der Tag dein Freund.

Ayurveda ist auch ein neues Zauberwort mit denen einige meinen, das große Geld mit Parkinsonkunden machen zu können. Was bedeutet das Wort Ayurveda eigentlich? Der Wortlaut stammt aus dem Sanskrit und setzt sich aus den Wörtern Ayus, das so viel wie Leben und Veda, das Wissen bedeuten soll. Ayurveda ist also eine Kombination aus Erfahrung und Philosophie, die sich der menschlichen Gesundheit und deren Krankheiten mit physischen, mentalen, spirituellen und emotionalen Aspekten annimmt.

Bei Morbus Parkinson konzentriert sich die Ayurveda-Behandlung auf die sogenannte Vata-Störung.

Vata was??? Habe ich noch nie gehört. Die Recherche habe ich aus dem Internet und mache auch mit einem Schriftzug von dort in umgestalteter Form weiter.

Öl- und Schwitzbehandlungen sind die Basis dieser Therapie. Dabei spielen Ölungen durch massieren, Öl-Einläufe und die innere Einnahme, meist durch Sesamöl eine große Rolle. Dadurch soll der Körper von innen gereinigt werden.

Des Weiteren wird die Ernährung umgestellt. Es wird vegan auf gedünstetes Gemüse, Vollkornbrote sowie Gewürze und süßes Obst umgestellt. Getrunken werden die ayurvedischen Tee-Sorten. Dazu Yoga, Meditation und Atemübung und dem Parkinsonpatienten geht es nach einigen Wochen besser. Das auf jeden Fall versprechen die vielen Kliniken, Ärzte und Heilpraktiker ihren angehenden Kunden, die Parkinson endlich loswerden wollen.

Natürlich ist gesunde Nahrung wichtig für das Wohlbefinden und die Gesundheit und das bei allen Menschen, auch die ohne Parkinson. Ich weiß auch, dass der hohe Fleischkonsum nicht gesundheitsförderlich ist. Dazu tägliche Ruhephasen einlegen, um den Akku wieder aufzuladen, das alles ist richtig und fördert die

Gesundheit. Doch muss man dazu eine Ayurveda-Kur für teures Geld machen?

Auch hier kenne ich wieder einige Leidensgenossen (ich nehme immer die männliche Anrede, meine aber auch die weiblichen an Parkinson erkrankten Menschen), die diese Kur hinter sich haben. Vielen ging es besser. Aber auch viele, die keine Besserung verspürten. Parkinson und seine Symptome haben sie aber alle weiterhin.

Auch hier scheinen die Versprechen meist nur leere Floskeln zu sein.

Aber so ist es nun mal und so wird es immer weitergehen.

So wie die Kirche früher des Menschen Angst vor dem Tod für ihre Machenschaften ausnutzte, genauso treiben es nun in unserer Zeit die Unternehmen mit der angeblich wunderbewirkenden Alternativmedizin. Dabei spielt das Wort Natur eine übergeordnete Rolle. Auch hier haben die Verkäufer keine Skrupel die Natur für ihre Gewinne zu missbrauchen. Eigentlich kann kein Mensch ohne Hoffnung leben. Wir hoffen jeden Tag und wenn es nur die Hoffnung auf den Sieg der Fußballmannschaft ist. Ich hoffe zum Beispiel vor jedem Tischtennisspiel den letzten Punkt zu machen und als Sieger dem Gegner die Hand zu schütteln.

Aber auch dieser Wunsch blieb bis jetzt

unerfüllt. Ich muss eben noch sehr viel üben.
Eltern hoffen auf die Gesundheit ihrer Kinder.
Kranke hoffen wieder gesund zu werden und so
könnte ich jetzt seitenweise darüber schreiben,
was sich der Mensch in seinem Leben alles erhofft.
Dazu möchte ich über die Hoffnung meines besten
Freundes etwas schreiben.
Rolf (Name geändert) und ich waren schon seit
vielen Jahren sehr eng befreundet. Er gehörte
praktisch wie ein Bruder zur Familie. Er war immer
an meiner Seite und ich an seiner. Wir
harmonierten als Seelenverwandte manchmal
ohne Worte und trotzdem wusste der eine, was der
andere wollte. Es war die glückliche Zeit vor
Parkinson. Obwohl so glücklich war sie am Ende
auch nicht. Rolf und ich waren zudem noch
Trainingspartner. Zu diesem Zeitpunkt bauten wir
im Fitnessstudio schon mehr als 25 Jahre
gemeinsam unsere Muskeln auf. Bodybuilding war
unser Leben. Dafür taten wir alles. Auch hier
hatten wir die Hoffnung, durch hartes Training, den
Körper in den eines muskulösen Athleten
umzuwandeln. Die Hoffnung wurde dann auch
irgendwann erfüllt. Das Leben schien es gut mit
uns zu meinen. Doch wie es aber oft so ist, schlug
das Schicksal gnadenlos zu. Es war eine
Routinekontrolle beim Zahnarzt, die die Lawine
auslöste. Er entdeckte in Rolfs Rachen eine Stelle,
die farblich herausstach. Mein Freund erzählte mir
das und wir beide hofften, dass es nichts

Schlimmes sein wird.

Einige Tage später saß Rolf dann mit geöffnetem Mund bei einem Kieferorthopäden, der ihn genauer untersuchte. Eine genaue Diagnose konnte er auch nicht abgeben. Der Arzt sprach aber von einer eventuellen Zellveränderung. Ups, das hörte sich nicht gut an. Aber es wird schon nicht so schlimm sein, hofften wir alle noch. Benutzt jemand das Wort eventuell, heißt dies ja nur, es könnte sein, muss aber nicht.

Also fuhr ich meinen Freund an einem Morgen um 6 Uhr hoffnungsvoll ins Krankenhaus, damit der Chirurg Rolf eine Probe aus seinem Rachen entnehmen und analysieren konnte.

Rolf hoffte drei Tage lang auf ein gutes Ergebnis. Seine und meine Hoffnung wurden erfüllt. Das Untersuchungsergebnis war negativ und somit gut für meinen Freund. Doch zur Kontrolle sollte er jetzt alle halben Jahre dort zur Probeentnahme erscheinen. Ungefähr zwei Jahre ließ Rolf die schmerzhafte Prozedur über sich ergehen und immer wieder bestätigte sich die Hoffnung, es wird nichts Schlimmes sein.

Dann kam der Tag, an dem der Chirurg ihm plötzlich sagte, dass er eine Zellveränderung hätte. Um frühzeitig zu erkennen und rechtzeitig handeln zu können, musste Rolf nun alle drei Monate zur Probeentnahme. Von nun an lebte er mit der Hoffnung, keinen Krebs zu bekommen. Ein Jahr weiter war der Krebs da. So ein Mist, aber er hatte weiterhin die Hoffnung auf unsere Mediziner, die ihn für die erste Operation vorbereiteten. Ihm wurde der Hals von einem Ohrläppchen zum anderen aufgeschnitten und der Tumor entfernt. Nach der Operation lag Rolf mit der Hoffnung im Krankenbett, den Krebs nun für immer losgeworden zu sein. Kurze Zeit später trainierten wir wieder und nach einigen Monaten war auch der Krebs wieder da. Gleiches Krankenhaus, gleicher Arzt, gleiche Operation. Danach Chemotherapie. Hoffnungsvoll erduldete mein Freund die ganze Prozedur. Mit 15 Kilogramm weniger an Körpergewicht trafen wir uns noch einmal zum Gewichte stemmen. Nach der dritten OP, der Krebs kam immer schneller zurück, resignierten die behandelnden Ärzte und gaben auf. Doch nicht Rolf. Er hatte die Hoffnung, dass die Chirurgen in der Universitätsklinik ihm helfen könnten. Genauso war es dann auch und Rolf lag kurze Zeit später auf deren Operationstisch. Er war danach gerade wieder zuhause, als der Krebs wieder kam. Jetzt war aus der Hoffnung nur noch ein kleiner Hoffnungsschimmer, doch dieses kleine Stückchen Hoffnung hielt meinen Freund am Leben. Nur unterhalten konnten wir uns nicht mehr. Rolf hatte keine Zunge mehr, diese musste entfernt werden. Ernährt wurde er nur noch flüssig über einen Schlauch direkt in den Magen. Es war schlimm und der Tod war zu spüren. Doch noch immer war ein wenig Hoffnung da und mit dieser

Hoffnung schlief er jeden Abend ein. Bis der Morgen kam und er nicht mehr aufwachte. Die Hoffnung hatte sich in dieser letzten Nacht verabschiedet.

Was möchte ich mit den Sätzen, um meinen Freund Rolf eigentlich sagen? Auch wenn es am Ende aussichtslos war, haben wir alle in brenzligen Situationen Hoffnung. Ohne diese Hoffnung lässt sich einfach nicht leben. Doch wie ist es mit Krankheiten, wie Parkinson, bei denen es keine Hoffnung gibt? Was passiert mit uns in der hoffnungslosen Zeit? Ohne Hoffnung zu leben führt viele von uns in die Depression. Genau das ist der Grund, warum viele der Parkinsonerkrankten in eine Depression verfallen. Es ist die Hoffnungslosigkeit.

Warum darf ich keine Hoffnung mehr haben? Warum macht mir niemand Hoffnung? Warum? Warum? Warum?

Warum ich?

Mit dem Antrag auf Erwerbsminderungsrente habe ich auch die Pflegestufe beantragt. Jeder der schon einmal eine Pflegestufe beantragt hat, weiß was jetzt auf mich zukam. Die Pflegeversicherung schickt dir einen Prüfer ins Haus. Jetzt ist es mit den Prüfern so. Sie sind Angestellte oder freiberuflich für die Pflegeversicherung unterwegs. Da auch die Pflegeversicherungen wirtschaftlich Planen und am Ende Gewinne abwerfen müssen, sind diese Prüfer dem Antragsteller nicht sehr wohlgesonnen. Der Umsatz dieser Unternehmen muss jedes Jahr so hoch sein, dass die Manager in den Vorstandsetagen sich noch Millionen an Euros als Jahresgratifikation selber auszahlen lassen können.

Auch da kenne ich eine nette Frau, die seit Jahren an Multisklerose leidet. Sie kann, neben den ganzen anderen Symptomen, die diese Krankheit mit sich bringt, nur noch mit dem Rollator laufen. Jeden Tag bringt sie sich mit den vielen Medikamenten, die sie einnehmen muss, um überhaupt am Leben teilnehmen zu können, ein Stück näher ins Grab. Ich nenne sie hier mal Marlene. Also Marlene hat eine unheilbare Krankheit, ähnlich wie Parkinson. Auch sie ist hoffnungslos in ihrem Schicksal gefangen. Sie und alle anderen um sie herum kennen den Weg, den sie bisher gegangen ist und der noch vor ihr liegt. Schon jetzt habe ich sie ab und an, wenn ihre Beine gar nicht mehr wollen, im Rollstuhl gesehen.

Marlene stellte vor kurzem den Antrag auf Pflegestufe bei ihrer Pflegeversicherung und diese schickte ihren Prüfer zu ihr ins Haus. Lächelnd und freundlich begrüßte er sie und setzte sich ihr gegenüber an den Tisch. Marlene, als gute Gastgeberin bot ihm noch etwas zu trinken an und musste alle Kraft auf sich nehmen, um die Flasche und das dazugehörige Glas vor ihm auf den Tisch zu stellen. Die Flasche offen drehen musste der Mann dann selber. Marlene fehlt einfach die Kraft solch einfache Dinge des Alltagsleben zu bewältigen. Irgendwie schaffte sie es dann noch, nach dem der Prüfer seine Liste mit Fragen abgearbeitet hatte, ihn bis zur Haustür zu begleiten.

Ein paar Tage später kam dann mit der Post das Ergebnis. Marlene wurde mit der Pflegestufe 1 bewertet. Jeder kann sich über das Internet diesen Fragebogen herunterladen und aus Spaß einmal ausfüllen. Eine Frau oder ein Mann, die seit über 20 Jahren an Multisklerose leiden, erreichen dabei mindestens die Punktzahl, die für die Pflegestufe 2 ausreicht. So auch Marlene, ihr fehlten sogar für die Pflegestufe 3 nur 2 Punkte. Nicht so bei dem Angestellten der Pflegeversicherung. In seiner Bewertung sollte sich Marlene mit Pflegestufe 1 zufriedengeben.

Sie konnte es gar nicht glauben. Sie sollte auf all das, was ihr zustand verzichten, nur weil der Prüfer ihr ein falsches Zeugnis ausstellte? Sie legte Widerspruch ein und nach einigen Wochen klopfte der nächste Prüfer der Pflegeversicherung bei ihr an. Das Ergebnis bestätigte dann seinen Kollegen und die Unterstützung, die sich Marlene mit dem Antrag von der Pflegeversicherung erhoffte, löste sich in Luft auf. Doch Marlene hat zwar Multisklerose, war aber nicht so dumm, dies einfach so hinzunehmen. Sie klagte vor dem Sozialgericht und bekam ein halbes Jahr später recht. Der Richter stufte sie in Pflegestufe 2 ein und der Anwalt der Gegenpartei stimmte dem zu. Hier ging es mir jetzt nicht um Marlene, sondern darum, wie die Pflegeversicherungen arbeiten. Ich hatte da etwas mehr Glück und wurde durch die Prüferin meiner Pflegeversicherung in einer gerechten Pflegestufe bewertet.

Doch damit fängt der Spaß eigentlich erst an. Um die Leistungen der eigenen Pflegeversicherung zu erhalten, muss man nun alle halbe Jahr einen sogenannten Pflegeberater ins Haus lassen. Pflegeberater ist die vom Gesetzgeber genannte Variante des Wortes, die in Wirklichkeit Kontrolleur heißen müsste. Natürlich ist der Pflegeberater eine von der Pflegeversicherung unabhängig beratende Person und macht viele Vorschläge, um den Alltag eines Hilfsbedürftigen zu erleichtern. Aber den Bericht hat zwei Tage später die Pflegeversicherung auf den Schreibtisch eines ihrer Sachbearbeiter liegen. Dieser Sachbearbeiter hat natürlich, wie alle anderen Angestellten auch, die Order Kosten zu senken oder einzusparen. Das sollte jedem Pflegebedürftigen einleuchtend sein.

So bekam ich auch einmal Post von meiner Berufsunfähigkeitsversicherung. Der Sachbearbeiter wollte wissen, wann ich wieder gesund werden und meine Arbeit aufnehmen würde. Hallo, klopf, klopf. Lieber Sachbearbeiter der BU-Versicherung, bitte nennen Sie mir ihren Namen und ihre Adresse, denn diese Daten benötigt die Kommission in Stockholm und Oslo, die entscheiden, welche Person den Nobelpreis in Medizin bekommt. Ich werde Sie dort vorschlagen, denn ihrer Frage nach zu urteilen, haben Sie ja gerade Parkinson heilen können und deshalb verdienen sie in diesem Jahr den Nobelpreis in Medizin.

Ich konnte es nicht glauben. Da sitzt irgendwo in einem Bürogebäude der Versicherung ein Typ an seinem Schreibtisch, hat von nichts eine Ahnung und fragt einen an Parkinson Betroffenen, wann er wieder gesund wird. Ich bekomme heute noch den Mund nicht zu, wenn ich daran denke. Was für Leute sitzen dort eigentlich? Naja ich bin ja auch selber Schuld. Habe 35 Jahre jeden Monat meinen Betrag überwiesen und somit den Gewinn der Versicherung mitfinanziert. Wie kann ich jetzt in der Not mich erdreisten und das Verlangen, was mir zusteht? Wegen mir wird jetzt

die Gewinnmarge des Unternehmens kleiner ausfallen und die Gratifikation der Manager sich ein wenig reduzieren. Erklärt mich doch einfach als vogelfrei und gebt mich zum Abschuss frei.
Doch ich hatte Glück. Als ich das Gespräch am Telefon mit der Versicherung suchte, meldete sich auf der anderen Seite eine nette und verständnisvolle Dame. Sie verstand mich, sah den Fehler und hatte wohl auch Mitleid mit mir, denn ich brauchte den fünfseitigen Fragebogen nicht mehr ausfüllen und zu ihnen schicken.

Ja, Mitleid erfahre ich jetzt öfter. Früher war ich ein Mann der voranging. Wo ich gewesen bin, war vorne. Schon als Kind und Jugendlicher zeigte sich beim Spielen mit meinen Freunden, dass ich meistens die Leader-Funktion innehatte. So auch später im Berufsleben. Schon früh im jungen Berufsalter führte ich eine Gruppe von älteren Mitarbeitern. Ich verdiente gutes Geld, baute ein Haus, fuhr tolle Autos, betrieb meinen Sport und am Strand sah man mir nach. Die Sonne schien in meinem Leben. Viele Menschen aus meinem nahen Umfeld sahen mich als Vorbild und oft genug genoss ich dieses Gefühl ein Idol für andere zu sein. Trotzdem versuchte ich immer anderen Menschen in meiner Nähe das beizubringen, was mich auszeichnete. Ich lernte Arbeitskollegen an und übermittelte ihnen mein Wissen. Ich war Personal-Trainer im Fitnessstudio oder Lehrer meiner Tochter (Obwohl der letzte Punkt für beide Seiten nicht immer einfach war). Auf alle Fälle war ich ein Mensch, der alles im Griff hatte. Natürlich zog ich auch Neider an, die sich freuten, wenn es einmal nicht so gelaufen war, wie ich es wollte. Doch eines kannte ich nicht und hätte auch nie gedacht, dass ich es kennenlernen würde, nämlich Mitleid. Mitleid bekommen bedauernswerte Menschen und nun bin ich vom Podest eines Vorbilds zu einer bedauernswerten Person geworden. Damit klar zu kommen ist nicht ganz so einfach.

Von Geburt an bin ich ziemlich ehrgeizig, manchmal auch zu verbissen. Wenn ich etwas in die Hand nehme, will ich es auch perfekt machen. Doch mit der Perfektion klappt es schon lange nicht mehr. Mein Gegenspieler in meinem Kopf ist einfach zu mächtig geworden. So auch bei meinem neuen Hobby, dem Tischtennis. Als ich mich vor 13 Monaten entscheiden musste, welche Therapie ich in Betracht ziehen sollte, hatte ich zum Schluss zwei Alternativen. Meine Frau bevorzugte die Tanztherapie und wäre sicher glücklich gewesen, hätte ich mich dafür entschieden. Doch als Bewegungslegastheniker wollte ich mich nicht blamieren und so wählte ich das Tischtennis als meine Therapieform. Ping Pong Parkinson heißt der bundesweite Verband dem ich mich anschloss und versuche mich jetzt in Dorsten beim Tischtennistisch zu beweisen. Aber ich hätte auch tanzen versuchen können, denn auch beim Ping Pong blamiere ich mich viel zu oft. Ich weiß mittlerweile wie ich schlagen muss, doch ich stelle mich zu dumm an. Immer wieder schaffe ich nicht das umzusetzen, was ich gelernt habe. So verliere ich ein Spiel nach dem anderen. Ich will dieses Mal nicht auf meinen Mitbewohner Parkinson schieben, denn die anderen Spieler mit der gleichen Krankheit machen es besser.

Es ist für mich mit meinem Ehrgeiz und meiner Verbissenheit einfach nur furchtbar mit anzusehen, wie der Kopf will, der Körper aber nicht mitzieht. Dabei ist es egal, ob beim Tischtennis oder zuhause beim Versuch Kartoffeln zu schälen. Einfache feinmotorische Bewegungen funktionieren nicht mehr wie früher. Alles war mal eine Selbstverständlichkeit. Jetzt wird diese frühere Selbstverständlichkeit oft zu einer unüberwindbaren Herausforderung. Es gibt den Spruch: Die Hoffnung stirbt zum Schluss! Was ist wenn man hoffnungslos ist? Wo ist der einsame Grashalm mitten in der Wüste, an den ich mich klammern kann?

Ich bin verzweifelt und schaue mal ins Internet. Das Erste was ich dort finde, ist dieser Satz.

Das wirksamste Mittel gegen die Parkinson-Symptome ist Levadopa. Es überwindet die Blut-Hirn-Schranke und wird im Gehirn in aktives Dopamin umgewandelt.

Eine ausreichende Wirkstoffkonzentration wird

aber nur bei sehr hohen L-Dopa Dosen erreicht. Ist ja toll und dazu noch nicht einmal richtig. L-Dopa überwindet die Blut-Hirn-Schranke gar nicht. Dafür benötigen wir, wie schon von mir beschrieben Benserazidhydrochlorid. Dazu ist L-Dopa wirksam, aber kann problematisch werden. Denn bereits in den ersten fünf Jahren treten bei der Hälfte der Patienten motorische Fluktationen und Dyskinesien auf.

Mögliche Nebenwirkungen von Levodopa werden mit Übelkeit, Appetitlosigkeit, Schwindel, gesteigerter Antrieb, Depression und Verwirrtheit beschrieben. Bei hohen Dosen können auch Bewegungsstörungen auftreten. In niedrigen Dosierungen wird Levodopa meist gut vertragen. Hm? Niedrige Dosierungen werden meist gut vertragen? Benötigen wir nicht hohe Dosen, damit die Wirkung uns von den Parkinson-Symptomen befreit? Zumindest für einige Stunden am Tag. Zwei Sätze und schon etliche Widersprüche. Ich lese einfach weiter und komme sofort zur nächsten Frage.

Wie lange wirkt Levodopa überhaupt?

L-Dopa muss eingeschlichen werden. Es wirkt zu Therapiebeginn meist sehr gut. Vor allem bei Akinese und Rigor. Diesen Teil der Medikation nennt man Honeymoon-Phase. Doch wie im echten Leben kommt nach dem Honeymoon der Alltag.

Der tritt nach 3 bis 5 Jahren ein und die Wirkung

von Levodopa lässt häufig stark nach.
Das On-Off-Phänomen setzt mit Dyskinesien und Wirkungsfluktuationen ein.
Hört sich gar nicht gut an. Ich denke nach und frage mich etwas Weiteres. Ist L-Dopa eigentlich gefährlich?
Levodopa ist sehr reaktiv und instabil. Degradiert schnell zu Neuromelanin und produziert dabei toxische Zwischenprodukte, die einen hohen oxidativen Stress auf die Zellen ausüben. In den meisten Zellkulturstudien wurde dabei eine erhebliche Vergiftung beobachtet.
Spätestens jetzt habe ich keine Lust mehr über Levodopa zu lesen. Ich werde von der Medizin dazu verurteilt mich selbst zu vergiften.
Ich suche einfach mal nach einer Alternative zu dem Levodopa und ich stoße auf das Medikament Pramipexol.
Das ist auch mein erstes gegen Parkinson eingenommene Medikament und ich nehme es noch bis heute.
Angefangen habe ich mit einerDosierung von 0,26mg am Tag. Zurzeit stehe ich bei einer Einnahme von 2,62mg. Der Beipackzettel rät von einer Dosierung größer 3,0mg ab.

Pramipexol ist ein Dopaminagonist und wird zur Therapie des Morbus Parkinson eingesetzt, entweder in Monotherapie oder in Kombination mit L-DOPA. Als weitere Indikation ist die symptomatische Behandlung des mittelgradigen bis schweren idiopathischen Restless-Legs-Syndroms zu nennen. So beschreibt Wikipedia das Medikament. Es wird für die Anwendung von Kindern und Jugendlichen unter 18 Jahren nicht empfohlen. Es gibt für diese Altersgruppe keine verlässlichen Daten zur Sicherheit und Wirksamkeit. Zu den häufigsten Nebenwirkungen zählen stark abfallender Blutdruck, Schwindel, Müdigkeit, Übelkeit, Kopfschmerzen, Sehstörungen, Ödeme, starke Erregungszustände und Wahnvorstellungen. Außerdem kommt es oft zu Schlafstörungen mit abnormalen Träumen bis hin zu Schlafattacken und Verhaltensauffälligkeiten wie Zwänge, Essstörungen und Süchte. Oh je. Das sind ja schöne Aussichten.

Ich habe gerade erfahren, dass ich mich vergifte und die Medikamente gar nicht bis in die nahe Zukunft wirken.

Die Angst vor dem nächtlichen Schlafen treibt mich in den Wahnsinn. Denn ich weiß, der nächste Morgen weckt mich mit Steifheit und Schmerzen. Doch auch in der Nacht werde ich durch weitere Symptome um den Schlaf gebracht oder geweckt. Zuerst muss ich einmal einschlafen können. Das geschieht oft nicht so wie ich es mir wünsche und auch nötig habe. Mein Körper ist zu erschöpft und schreit nach erholsamem Schlaf, den ich ihm aber nicht geben kann. Mein Hausbesetzer, Herr Parkinson, benötigt nämlich keinen Schlaf und meint, auch mir meinen rauben zu können. Es sind manchmal nur Kleinigkeiten, wie zum Beispiel das Schlucken im Schlaf. Ich habe seit einigen Wochen ab und zu Probleme meine benötigten Tabletten zu schlucken und die nicht heruntergeschluckten Medikamente bleiben mir im Hals stecken. Mit viel Flüssigkeit versuche ich dann die Dinger doch noch dort hinzubekommen, wo sie hingehören. Im Schlaf wird das Schlucken oder besser gesagt, dass nicht richtige Schlucken zu einem anderen Problem.

Mir läuft nachts beim Schlafen der Speichel nicht in die Speiseröhre, sondern in die Luftröhre. Das Ergebnis sind heftige Hustenanfälle. Dass ich davon geweckt werde, ist das geringste Problem. Ich habe Angst, dass sich Flüssigkeit in meiner Lunge ansammelt. Mein Schwiegervater ist an einem ähnlichen Verlauf gestorben. Ansonsten läuft mir jetzt auch die Spucke nicht nur beim

Schlafen aus dem Mundwinkel. Ich denke dann immer an Homer Simpson. In der Cartoon-Serie soll es lustig sein, wenn Homer der Sabber im Schlaf aus dem Mund läuft.

Ich dagegen kann darüber leider nicht mehr lachen.

So langsam habe ich meinen eigenen Körper nicht mehr unter Kontrolle. Er hört einfach nicht mehr auf mich. Parkinson sitzt jetzt auf dem Fahrersitz und ich bin nur teilnahmsloser Beifahrer. Ab und zu, wenn ich nicht an ihn denke und von besseren Zeiten ohne ihn träume, schickt er mir wunderbare Wadenkrämpfe, um sofort die benötigte Aufmerksamkeit zu bekommen. Eifersüchtig ist er also auch noch und zerstört alles was mir ohne ihn Freude machen würde.

Beim Sex lässt er mich dann oft schlapp dastehen und freut sich über meinen Kummer. Hinterlistig und gemein ist er. Inkontinenz ist einer seiner besten Freunde. Gott sei Dank ist bis jetzt bei mir noch nie etwas in die Hose gegangen. Doch es passiert oft, dass ich ganz nahe dran bin. Eine Toilette sollte für mich immer in der Nähe sein, denn anhalten können, kann ich nicht. Das Thema ist schon peinlich genug und ich möchte darüber gar nicht schreiben, aber ich werde wohl in Zukunft wie ein Baby in Windeln aus dem Haus gehen dürfen. Oft genug saß ich schon in irgendwelchem Gestrüpp, weil der Weg zu einer naheliegenden Toilette zu weit weg für mich gewesen ist. Da ich über das Thema auch schon in meiner Selbsthilfegruppe den Parkinson Youngsters gesprochen habe, weiß ich, dass ich nicht alleine mit dieser Peinlichkeit dastehe.

Parkinson ist so gesehen nicht nur eine Krankheit, nein, Parkinson sammelt und vereinigt viele Krankheiten in einem Körper und lässt uns dann mit den Symptomen leiden.

Wenn es doch nur das Zittern bei meinem Morbus Tremor wäre, sage ich mir jeden verdammten Tag. Wo ist meine Lebensqualität nur hin? Das alles ist doch nicht mehr fair. Aber Parkinson ist und war noch nie fair. Er wird sogar immun gegen die vielen Medikamente und lacht dann über mich. Während ich von Tag zu Tag schwächer werde, saugt er mich aus und wird täglich stärker. Es ist einfach wie in einem nie endenden Albtraum. Was kann ich tun, wenn die Medikation nicht mehr wirkt?

Tiefen- Hirnstimulation soll das Zauberwort sein. Die THS ist praktisch ein Hirnschrittmacher und eine letzte Möglichkeit Linderung zu erfahren. Doch diese Methode gegen Parkinson anzugehen hat es auch in sich.

Die nächsten Sätze habe ich aus dem World Wide Web, um keine Fehler zu schreiben.

Bei der Tiefen- Hirnstimulation (THS) senden ein oder zwei ins Gehirn eingesetzte Elektroden

elektrische Impulse an Nervenzellen, die
bestimmte Bewegungen beeinflussen. Dies soll
Parkinson-Beschwerden lindern. Ein solcher
„Hirnschrittmacher" kann aber auch
Nebenwirkungen haben, und er eignet sich nur für
bestimmte Menschen mit Parkinson.
Parkinson wird in der Regel mit Medikamenten
behandelt. Sie wirken in den ersten Jahren der
Erkrankung meist sehr gut, später lässt ihre
Wirkung jedoch nach. Dies macht sich vor allem
durch Bewegungsstörungen bemerkbar: Phasen
der Muskelsteifheit wechseln sich mit Phasen ab in
denen es zu unkontrollierten Bewegungen kommt.
Auch anhaltendes Zittern (Tremor) tritt dann auf.
Wenn diese Beschwerden trotz Medikamenten zu
belastend werden, wird unter Umständen eine
Tiefen- Hirnstimulation von den Ärzten
vorgeschlagen. Sie kann die Symptome
reduzieren, die Krankheit aber nicht heilen. Die
Hirnelektroden werden nur in spezialisierten
Kliniken implantiert.

Bei einer Operation werden ein oder zwei
Elektroden an den äußeren Enden unter der
Kopfhaut befestigt und durch die Schädeldecke tief
in das Gehirn eingeführt. Über die Elektroden
sendet das Gerät regelmäßig schwache
elektrische Impulse an ganz bestimmte Zentren im
Gehirn – deshalb der Name „Tiefe Hirnstimulation".
Die Elektroden sind über feine, unter der Haut

liegende Kabel mit dem eigentlichen „Schrittmacher" verbunden. Dieser Schrittmacher wird beispielsweise unter der Haut am Schlüsselbein eingesetzt.

Über bestimmte Regelkreise im Gehirn beeinflussen die Impulse die Muskelaktivität und können dadurch auch die Bewegungsfähigkeit verbessern. Wie die Tiefe Hirnstimulation genau wirkt, ist bislang aber noch ungeklärt. Man geht davon aus, dass sie das Zusammenspiel verschiedener Gehirnbereiche unterstützt.

Die Tiefe Hirnstimulation eignet sich nicht für alle Menschen mit Parkinson. Von denen die geeignet sind erhalten in Deutschland jedes Jahr einige Hundert einen dieser Hirnschrittmacher.

Die wichtigste Voraussetzung ist, dass die Beschwerden trotz Medikamenten sehr belastend sind. Dazu gehören vor allem anhaltendes Zittern sowie der Wechsel zwischen unkontrollierten Bewegungen und Muskelsteifheit. Eine klare Altersgrenze gibt es zwar nicht, man sollte aber so „gesund" sein, dass der Eingriff nicht zu riskant ist. So sollten beispielsweise keine schweren Herz- oder Lungenkrankheiten bestehen. Bei psychischen Erkrankungen wie einer Psychose oder einer Demenz kommt eine Tiefe Hirnstimulation ebenfalls nicht infrage.

Um zu klären, ob der Eingriff infrage kommt, sind zuerst verschiedene Untersuchungen nötig. Eine allgemeine körperliche Untersuchung, eine Kernspintomographie des Kopfes, Gedächtnistests und eine psychiatrische Untersuchung. Zudem wird mithilfe eines bestimmten Tests geprüft, wie gut bestimmte Parkinson-Medikamente wirken. Dadurch kann das Ergebnis der Tiefen Hirnstimulation abgeschätzt werden.

Die Ergebnisse der Untersuchungen werden gemeinsam mit den Betroffenen und den Angehörigen besprochen. Dabei werden auch die Chancen und Risiken eines Eingriffs erläutert. Bei den Gesprächen sollten, wenn möglich, auch Angehörige dabei sein. Besonders wichtig ist es, die eigenen Erwartungen an den Eingriff zu klären und die Erfolgsaussichten realistisch einzuschätzen. Dies hilft, einer Enttäuschung vorzubeugen, falls die Hirnstimulation nicht so wirkt wie erhofft. Zu einer sorgfältigen Abwägung gehört auch, die Behandlungsalternativen zu besprechen.

Operiert wird in zwei Schritten, insgesamt dauert der Eingriff etwa 6 bis 8 Stunden. Davon ist die Patientin oder der Patient etwa 3 Stunden bei vollem Bewusstsein.

Schritt 1: Einsetzen der Elektroden
Zunächst wird eine Computertomografie des Gehirns gemacht, um den Weg der Elektrode zum

Zielort festzulegen. Der „Zielort" hängt davon ab, welche Beschwerden die Betroffenen haben. Der Eingriff findet, wenn möglich, unter örtlicher Betäubung und einer leichten Narkose statt, sonst unter Vollnarkose. Während der Operation wird der Kopf in einer Halterung fixiert, damit er sich nicht bewegt. Die Kopfhaut wird teilweise oder ganz rasiert und an ein oder zwei Stellen eingeschnitten. Dann werden ein oder zwei kleine Löcher in die Schädeldecke gebohrt. Durch die Löcher wird jeweils eine Elektrode tief in das Gehirn eingeführt. Die äußeren Enden der Elektroden werden später am Schädel befestigt und liegen unter der Haut. Kurz bevor die Elektrode den Zielort erreicht, wird die Narkose beendet und die Patientin oder der Patient wird wach. Die Ärztinnen und Ärzte können dann mit ihr oder ihm sprechen. Dies ist wichtig, weil die Wirkung der Elektroden getestet werden muss. Dazu werden Testimpulse ausgelöst und der Arzt überprüft, ob sich die Beschwerden dadurch bessern lassen. Testimpulse können auch Nebenwirkungen auslösen wie Sprechstörungen, Muskelkrämpfe oder Kribbeln an den Händen. Je nach Reaktion werden die Elektroden dann verschoben, bis die beste Position gefunden ist.

Schritt 2: Einsetzen des Schrittmachers

Der Schrittmacher wird unter Vollnarkose unter die Haut, meist unterhalb des Schlüsselbeins implantiert. Danach werden die dünnen

Verbindungskabel unter der Haut zu den Elektroden vorgeschoben und angeschlossen. Das Einsetzen des Schrittmachers ist meist an einem Tag zusammen mit dem Einsetzen der Elektroden möglich. In manchen Kliniken wird der Schrittmacher 1 bis 2 Tage später implantiert.

Bei weiteren Untersuchungsterminen stellt der Arzt den Schrittmacher über ein Programmiergerät ein. Die elektrischen Impulse können verstärkt oder verringert werden.
Als Patientin oder Patient erhält man zudem ein eigenes kleines Handgerät, mit dem sich der Schrittmacher eigenständig an- und ausschalten und bis zu einem gewissen Grad steuern lässt. Die Elektroden und der Schrittmacher schränken im Alltag nur wenig ein. Man sollte aber Sportarten vermeiden, bei denen der Kopf stark erschüttert wird. Manche Menschen spüren den Schrittmacher unter der Haut des Schlüsselbeins, die meisten stört das jedoch nicht.
Technische Geräte beeinflussen den Schrittmacher normalerweise nicht. Man muss also keine Sorgen haben, dass sich die Impulse des Schrittmachers beispielsweise durch Handys oder Mikrowellen verändern. Auch die Sicherheitsscanner am Flughafen sind in der Regel unbedenklich.
Dennoch wird bislang meist empfohlen, den Schrittmacher-Ausweis beim Sicherheitspersonalvorzuzeigen. Dann kann man

mit dem Metalldetektor oder per Hand überprüft werden.
Allerdings sind Behandlungen oder Untersuchungen nicht oder nur eingeschränkt möglich, bei denen stärkere elektromagnetische Felder wirken. Dazu zählt beispielsweise die Kernspintomographie (MRT), die nur mit modernen Schrittmachern und in spezialisierten Zentren möglich ist. Von Behandlungen mit Tiefenwärme (zum Beispiel therapeutischer Ultraschall) wird grundsätzlich abgeraten.

Studien zeigen, dass die Hirnstimulation Parkinson-Beschwerden lindern kann. Sowohl Steifheit als auch unkontrollierte Bewegungen nehmen ab und die Lebensqualität oder auch die Selbstständigkeit nehmen zu. Das kann zum Beispiel bedeuten, dass Alltagstätigkeiten wie Körperpflege oder Kochen wieder einfacher werden. Sogar bestimmte Freizeittätigkeiten können wieder möglich werden. Zudem erleichtert es sehr, wenn das Zittern abnimmt und die Krankheit dadurch weniger sichtbar ist. Ihr Fortschreiten wird dadurch aber nicht aufgehalten, deshalb können die Beschwerden nach einiger Zeit wieder zunehmen.
Ein Hirnschrittmacher kann Medikamente nicht ersetzen. Aber ihre Dosis kann verringert werden, wodurch es seltener zu Nebenwirkungen kommt. Auf Sprechprobleme oder die Gedächtnisleistung

hat die Tiefe Hirnstimulation dagegen keinen oder nur wenig Einfluss. Bis der Hirnschrittmacher optimal eingestellt ist, dauert es einige Wochen oder Monate.

Bislang werden meist Menschen mit fortgeschrittenem Parkinson operiert, denen Medikamente kaum noch helfen. Mittlerweile gibt es aber auch erste Studien, die andeuten, dass auch eine frühzeitigere Hirnstimulation Parkinson-Beschwerden lindern kann.

Zu Nebenwirkungen und Komplikationen kann es durch den Eingriff und auch später beim Betrieb des Hirnschrittmachers kommen.

Komplikationen durch den Eingriff

Bei etwa 2 von 100 Operationen kommt es zu einer Hirnblutung, die leicht bis schwer ausfallen kann. Es wird geschätzt, dass etwa 1 von 100 Operierten dauerhafte Folgeschäden wie Lähmungen oder Sprachstörungen durch den Eingriff davonträgt.

Nach der Operation kann es zu Problemen an den eingesetzten Elektroden und am Schrittmacher kommen. So kann eine Hirnelektrode verrutschen, der Schrittmacher kann aussetzen, außerdem sind Entzündungen oder Hautreizungen möglich.

Solche Probleme gehen entweder von selbst wieder weg oder können weitere Behandlungen wie einen Austausch der Elektroden nötig machen.

Je nach Studie traten sie bei etwa 5 bis 20 von 100 Patientinnen und Patienten auf.

Unerwünschte Wirkungen der Hirnstimulation
Es ist möglich, dass die Hirnstimulation Verhaltensänderungen wie einen gesteigerten Antrieb oder Stimmungsschwankungen bis hin zu Depressionen auslöst. Auch Bewegungsprobleme wie Verschlechterung des Ganges, Gleichgewichtsstörungen, verwaschene Sprache und vorübergehende Verwirrtheit können auftreten. Sie lassen sich oft durch eine veränderte Programmierung des Geräts oder eine Umstellung der Medikamente beheben. Manchmal sind solche Symptome aber auch Folgen der Parkinson-Erkrankung.
Die Hirnstimulation kann auch das Empfinden, die Beziehungen und den Familienalltag beeinflussen. Neben positiven Auswirkungen sind auch belastende Situationen oder Konflikte möglich. Eine psychologische oder psychotherapeutische Begleitung wird dann empfohlen.
Wenn die unerwünschten Folgen zu belastend sind, sollte der Hirnschrittmacher wieder entfernt werden.

Nach der Operation bleibt man etwa zehn Tage in der Klinik. Danach schließt sich ein Aufenthalt in einer Rehaklinik an. Während der Rehabilitation werden die Einstellungen des Hirnschrittmachers solange angepasst, bis die Parkinson-Beschwerden auf ein Minimum reduziert wurden. Meist wird dann bereits die Medikation neu angepasst. Zur Reha gehören außerdem Angebote wie Bewegungstherapien und Entspannungsverfahren.

Größere körperliche Anstrengungen sollten in den ersten Wochen nach der Operation vermieden werden – ebenso Schwimmen und Baden, um die Wundheilung nicht zu stören.

Zur Nachsorge gehören auch regelmäßige Untersuchungen: Alle 3 bis 6 Monate wird geprüft, wie sich die Parkinson-Beschwerden entwickeln und ob das Gerät einwandfrei funktioniert. Nach 3 bis 5 Jahren kann die Batterie des Schrittmachers nachlassen und muss gewechselt werden. Dies ist über einen kleinen Hautschnitt mit örtlicher Betäubung möglich. Die Elektroden im Gehirn müssen dafür nicht neu gesetzt werden. Es gibt auch Geräte, die ohne Batterie auskommen und die beispielsweise wöchentlich über ein Ladegerät aufgeladen werden.

Von der Klinik erhält man einen Implantatausweis, den man immer bei sich tragen sollte. Es ist zudem wichtig, medizinisches Personal wie Ärztinnen und Ärzte, Pflegekräfte sowie Physiotherapeutinnen und -therapeuten über das Implantat zu informieren.

Und wieder ein Hm! Klingt ziemlich riskant und lässt nach einigen Jahren auch nach. Auch mit der THS lässt sich Parkinson nur kurz ärgern, danach hat er auch diesen Gegner besiegt.

Jeder kennt den größten Boxer aller Zeiten. Cassius Clay, besser als Mohamed Ali bekannt. Unvergessen sind seine Boxkämpfe, vor allem der Kampf 1974 in Kinshasa, Zaire, gegen George Foreman. Dreimal wurde Ali Weltmeister und verteidigte seinen Titel unzählige Male. Aber nicht nur beim Boxen trat Mohamed Ali in der Öffentlichkeit auf. Auch politisch ging er gegen die Rassenpolitik und gegen den Vietnamkrieg auf die Straße. Dieses Engagement kostete ihn die Boxlizens, doch er hielt seinen eingeschlagenen Weg bei und gewann auch diesen Kampf. Im Ring war er der Boss. Auch nach den wenigen Niederlagen erholte Ali sich immer und war danach wieder der Boxer, den es zu schlagen galt.

Doch trotz allem verlor auch er seinen wichtigsten Kampf. Dieser wurde nicht im Boxring entschieden, sondern fand in seinem Kopf statt. Es war Parkinson, der das schaffte, was keinem anderen Menschen gelang. Parkinson besiegte Mohamed Ali für immer. Von dieser Niederlage erholte sich der Größte aller Zeiten nie mehr. Ich werde die laufenden Bilder nie vergessen, als Ali bei den Olympischen Spielen 1996 in Atlanta zitternd die Treppen emporstieg und kaum das olympische Feuer entzünden konnte.

Parkinson ist für uns unbesiegbar und das habe ich an Mohamed Ali gesehen.
Es war dann der 3.Juni 2016. Es war der Tag, an dem Mohamed Ali starb. Er lebt jetzt im Himmel weiter und das ohne Parkinson. Woher ich das weiß? Ganz einfach. Parkinson sucht sich einen neuen Wirt und der 3. Juni 2016 war der Tag, an dem ich die endgültige Diagnose bekommen habe.

Jetzt mit 55 Jahren lebe ich seit 7 Jahren mit dem Wissen um Parkinson in meinem Hirn. Das Auffällige dabei ist, dass ich immer erschöpfter werde und die Erholungsphasen einen wesentlich größeren Zeitrahmen benötigen als noch vor 2 Jahren. Ich fühle mich nur noch schlapp und müde. Bin antriebslos und mir fehlt die Motivation. Ich fühle mich wie in einem dauerhaften Grippezustand. Meine Gelenke und Knochen schmerzen und ich versuche mich schonend zu bewegen. Ich weiß, dass dies der falsche Weg ist, darum versuche ich durch meinen Sport einigermaßen fit zu bleiben. Aber es gibt da Tage, an denen ich morgens einfach nicht zeitig aus dem Bett komme. So etwas gab es früher bei mir nicht. Der Sport war mir heilig und wurde durchgeführt. Egal wie kurz der Schlaf war. Jetzt bedeuten aufstehen für mich sich quälen zu müssen. Dieser Zustand wurde als starke Depression bei mir diagnostiziert. Das ist ein weiterer ungebetener Gast in meinem Kopf, den Herr Parkinson gegen meinen Willen zu sich eingeladen hat. Sofort freundeten sich die beiden an und sind nun unzertrennliche Freunde geworden. Und wieder kommt die Frage auf, warum ich?

Seit Neustem gibt es eine neue Therapie, um gegen die Symptome von Morbus Tremor anzugehen. Der fokussierte Ultraschall soll den Tremor Einhalt gebieten. Diese Methode ist ziemlich neu und Langzeitfolgen sowie aussagekräftige Ergebnisse noch nicht veröffentlicht. Doch bei den bisher meisten, der durchgeführten Patienten, die sich dem fokussierten Ultraschall hingegeben haben, trat eine Besserung in Kraft.

Aus dem Internet habe ich diesen interessanten Artikel gefunden.

Studienergebnisse eines Forscherteams von der Stanford-Universität bestätigten die Langzeitwirkung, dass das transkranielle Magnetresonanz-fokussierter Ultraschall Verfahren (tcMRgFUS) wirksam, langlebig und sicher für Parkinson-Patienten mit medikamentös-refraktärem essentiellem Zittern ist. Dies haben die klinischen Ergebnisse bei der 3-jährigen Nachbeobachtung einer kontrollierten multizentrischen prospektiven Studie ergeben. Selbst drei Jahre nach der Behandlung war das Zittern bei der Hälfte der Studienteilnehmer noch deutlich verbessert. Auch Behinderungen und die Lebensqualität, die durch die chronische Bewegungsstörung vor dem Eingriff stark eingeschränkt war, hatten sich bei vielen Patienten noch gebessert (56 und 42 Prozent). Da der Eingriff – trotz des schonenden Verfahrens – eine umschriebene, dauerhafte Schädigung im Gehirngewebe hinterlässt, können als Nebenwirkungen Gefühls-, Gang- und Gleichgewichtsstörungen auftreten. Im Vergleich zu den Nebenwirkungen eines operativen Eingriffs sind diese jedoch eher gering.

DEGUM-Experte Professor Dr. Ullrich Wüllner, Leiter der Sektion Bewegungsstörungen an der Klinik für Neurologie des Universitätsklinikums Bonn, macht selbst positive Erfahrungen mit dem fokussierten Ultraschallverfahren: Seit ungefähr 4 Jahren führt er dieses in seiner Bonner Neurologie-Abteilung durch – und konnte damit bereits viele Patienten erfolgreich behandeln. Bei Parkinson-Erkrankten, deren Tremor medikamentös nicht in den Griff zu bekommen ist, zeigt die Therapie gute, anhaltende Erfolge. Bei Patienten mit essentiellem Tremor tritt der Tremor bei etwa 30 Prozent der Patienten im Verlauf abgeschwächt wieder auf. Dieser Langzeitverlauf wird auch in Bonn im Rahmen einer Beobachtungsstudie am Deutschen Zentrum für neurodegenerative Erkrankungen (DZNE) genau studiert.

Aufgrund der guten Erfahrungswerte, die nun erstmals auch langfristig nachgewiesen werden konnten, fordert die DEGUM eine Aufnahme der modernen Ultraschalltherapie in den Katalog der gesetzlichen Krankenkassen. Die Kosten dafür werden von diesen derzeit noch nicht regelhaft übernommen.

Also das Gehirngewebe wird mit dem fokussierten Ultraschall dauerhaft und irreparabel zerstört.
Dazu ist die Studie der Nebenwirkungen nur vier Jahre alt.
Im Jahre 2018 war die Universitätsklinik Bonn die erste Klinik, die deutschlandweit das erste Gerät zur fokussierten Ultraschallbehandlung ihr Eigen nennen durfte.
Dem großen Vorteil des neuen Verfahrens, dass der Schädel nicht wie bei der bereits etablierten Tiefen Hirnstimulation geöffnet werden muss, steht der Nachteil gegenüber, dass die Inaktivierung des Hirngewebes anders als bei der Tiefenhirnstimulation nicht reversibel ist.

Ok. Liest sich ja alles positiv. Doch bei genauerer Betrachtung heißt es: Bei ungefähr 50% der Patienten war das Zittern auch nach drei Jahren noch deutlich verbessert. Deutlich verbessert heißt nicht, das Zittern ist weg. Da gibt es aber noch die anderen 50%. Was ist mit denen? Die behandelnden Neurologen und Neurochirurgen müssen sich dazu bekennen, dass niemand weiß, wie lange der verbesserte Zustand anhält und was in 10 Jahren ist. Bisher wurden weltweit erst etwas mehr als 10000 Tremor-Patienten mit dem fokussierten Ultraschall behandelt und generationsübergreifende Ergebnisse liegen noch nicht vor.

Auch ob dieser Eingriff noch einmal wiederholt werden kann, weiß bis zum heutigen Zeitpunkt niemand. Trotzdem meine ich persönlich, der fokussierte Ultraschalleingriff wäre eine Alternative, wenn die Medikation ihre Wirkung verliert.

Trotzdem sollte uns allen klar sein, auch dieses Eingreifen der Ärzte erlöst uns nicht von Parkinson. Er wird kurz geschwächt, erholt sich aber, um gestärkt wieder aufzutreten.

Es ist einfach zum verrückt werden. Gegen Parkinson ist der Menschheit kein Kraut gewachsen. Ich stehe nun seit meiner Diagnose mit heruntergelassener Hose da, jeder sieht mich und die Hose bleibt unten. Noch lebe ich, doch eines ist in mir schon gestorben und das ist die Hoffnung, die Hose irgendwann wieder an den Hüften tragen zu können. Ich kann es gar nicht beschreiben, wie es ohne Hoffnung ist zu leben. Natürlich haben wir auch Vorteile gegenüber anderen todkranken Patienten.

Bauchspeicheldrüsenkrebs hört sich auch nicht gut an. Das ist im Gegensatz zu uns schon ein wirkliches Todesurteil. Jedem, der diese schreckliche Krankheit in sich trägt, möchte ich hier wie allen anderen, mein Mitgefühl aussprechen. Hier kann man jedoch behaupten, dass die Forschung auf Hochtouren arbeitet, um wenigstens diesen Feind irgendwann einmal besiegen zu können. Für Steve Jobs, den ehemaligen Apple-Frontmann und Multimilliardär kommt trotzdem alles zu spät. Er verlor den Kampf und starb trotz seines eingesetzten Vermögens in die Forschung. Ich gönne niemandem Parkinson und trotzdem könnten wir Erkrankte einen Gleichgesinnten Milliardär wie Jobs einer war gut gebrauchen. Michael J. Fox reicht eben alleine nicht aus.

Dazu ein Beispiel aus dem Jahre 2018.
Einer der weltgrößten Pharmakonzerne Pfizer, der mit dem Potenzmittel Viagra die Welt revolutionierte und ein unzählbares Vermögen anhäufte, will sich bei der Forschung neu aufstellen. Das Unternehmen teilte der Öffentlichkeit mit, dass es sein Programm zur Entwicklung neuer Medikamente gegen Parkinson und Alzheimer einstellen wird. Rums, das saß. Ein Wirkungstreffer in die Weichteile.
Es wird aber noch besser. Der Vorstand möchte das eingesparte Geld lieber in die Entwicklung von neuen Medikamenten ausgeben, wo die Aussichten und die Erfahrungen am größten sind.

Wow, dort wo die Aussichten am größten sind. Also beim Ficken helfen und eine Viagra auf den Markt bringen, die den Schwanz noch länger stehen lässt? Sorry, aber das musste raus.

Im Zusammenhang mit der Entscheidung sind demnach 300 Stellen in den Bundesstaaten Massachusetts und Connecticut weggefallen. Ok, das sind 300 Einzelschicksale die nach dem amerikanischen Prinzip hired and fired wegfallen. Ich habe gerade geschrieben, dass ich niemandem Parkinson gönne. Ich muss mich revidieren. Ich gönne fast niemand Parkinson. Doch dem Vorstand von Pfizer, denen wünsche ich das gleiche Schicksal wie mir. Hier werden meine Anfangssätze nur bestätigt. Den Pharmaunternehmen geht es ausschließlich nur darum, den nächst höchsten Gewinn zu erzielen. Das Schicksal von Millionen an Parkinson-Erkrankten interessiert in diesen Kreisen niemanden.

Die Parkinson-Wissenschaft ist fest davon überzeugt, dass wir bis 2030 die ersten ursächlichen Therapien im Einsatz haben könnten. Damit könnten wir das Fortfahren der Parkinson-Erkrankung stoppen. So die Aussage von Prof. Dr. med. Günter Höglinger, Direktor der Neurologischen Klinik der Universität Hannover und Vorsitzender der deutschen Gesellschaft für Parkinson und Bewegungsstörungen.

Das Interview mit dem Professor in etwas geänderter Form aus dem Internet.

Die Wissenschaft habe mittlerweile das notwendige Know-how. Was fehle, sei die stringente Förderung und Strukturierung dieser medizinischen Forschung. „Mit der Parkinson-Agenda 2030 wollen wir die Öffentlichkeit für die realistische und hoffnungsvolle Option sensibilisieren, dass diese bedeutenden neurologischen Erkrankungen endlich ursächlich therapiert werden könnte", so Höglinger.

Medizinischer Fortschritt ist machbar – wenn wir es wollen.

Was die medizinische Forschung erreichen kann, hat die erfolgreiche Entwicklung zahlreicher Impfstoffe gegen das SARS-CoV-2-Virus in nur kurzer Zeit bewiesen, darunter die erstmals für eine Impfung eingesetzte mRNA-Impfstoff-Technologie von Biontech/Pfizer. Entscheidend waren der durch die Pandemie entstandene Erfolgsdruck, die hohen Investitionen auch von öffentlicher Hand sowie die Aussicht auf Refinanzierung der Entwicklungskosten für die Unternehmen. Bei Parkinson und anderen Bewegungsstörungen dagegen sind die verfügbaren Mittel, der kollektive Wille und die Publikation das Problem zu lösen, deutlich geringer.

„Die Forschung mit neuen Technologien wie Biomarkern, genetischer Stratifizierung und molekularen Therapien, könnte in den kommenden Jahren auch eine Revolution in der Therapie der Parkinson-Krankheit und anderer Bewegungsstörungen einleiten", so Professor Höglinger. In den vergangenen Jahrzehnten hat die Medizin zwar erfolgreich symptomatische Therapien für die Patienten entwickelt, die zur Reduzierung der Symptome führen. Aber das Fortschreiten der Krankheit oder gar ein Verhindern des Krankheitsausbruchs leisten sie nicht. Dabei sind Parkinson und andere Bewegungsstörungen von großer gesellschaftlicher Relevanz. Allein in Deutschland sind rund 400.000 Patienten von Parkinson betroffen. Weltweit ist die Zahl der diagnostizierten Patienten von 2,5 Millionen im Jahr 1990 auf 6,1 Millionen im Jahr 2016 angestiegen, speziell in den Industrienationen. Die Tendenz ist weiter steigend.

„Es fehlt der nachhaltige politische Wille, die Erkenntnisse aus der Grundlagenforschung nun auch zeitnah in die Entwicklung neuer Therapien für Parkinson und andere Bewegungsstörungen zu umzuwandeln. Hierzu braucht es eine gesamtgesellschaftliche Anstrengung, weil es einzelnen Forschungsgruppen aus eigener Kraft nicht gelingen kann", so Höglinger. Deutschland gehört zu den international führenden Standorten in der Parkinson-Forschung. Es gibt hervorragende regionale und nationale Forschungsnetzwerke. Ihre Organisation und Finanzierung bleibt den ForscherInnen aber weitgehend selbst überlassen. Sie seien gezwungen, sich von Forschungsantrag zu Forschungsantrag zu hangeln. „Das Forschungspotenzial ist vorhanden, doch bei der Entwicklung ursächlicher Therapien geht es im Schneckentempo viel zu langsam voran", so Höglinger.

Vom Beginn der Erkrankung im Körper bis zum Auftreten der ersten klinischen Symptome bei Parkinson oder anderen Bewegungsstörungen vergehen in der Regel Jahre, manchmal gar Jahrzehnte. Dieses Zeitfenster bietet die Möglichkeit, die Krankheit zu erkennen, bevor sie die PatientInnen beeinträchtigt. Um diese Erkrankten ohne Symptome zu identifizieren, stehen der Wissenschaft inzwischen Riechtests,

Schlafuntersuchungen, Hautbiopsie-Tests, Nervenwasser-Untersuchungen und die Gendiagnostik zur Verfügung. Eine neue molekulare Methode zur objektiven Diagnostik von Parkinson-Syndromen ist z. B. die Bestimmung der alpha-Synuclein-Aggregate im Nervenwasser mittels RT-QuiC oder der Tau-Aggregate im Gehirn mit dem PET-Tracer PI-2620. Für diese Parkinson-Risikopersonen muss nach Möglichkeiten gesucht werden, durch frühzeitige Intervention den Ausbruch der klinischen Symptome zu verhindern.

Die Parkinson-Erkrankung hat mehrere verschiedene bekannte Ursachen. Viele mittlerweile identifizierte genetische Varianten beeinflussen das Parkinson-Risiko. Ein Schlüssel zum Erfolg bei der Therapieentwicklung ist ein genaues Verständnis jener molekularen Signalwege, die an der Krankheitsentstehung beteiligt sind. Zahlreiche internationale Projekte sind auf dem Weg, diese Frage zu klären. Hierzu gehören etwa die Rostock International Parkinson Disease (ROPAD)-Studie zur Bestimmung der genetischen Epidemiologie der Parkinson-Krankheit oder die Lübeck International Parkinson's Disease (LIPAD)-Studie zur Untersuchung von genetischen und umweltbedingten Modifikatoren von Penetranz und Expressivität. Die verschiedenen identifizierbaren genetischen Varianten eröffnen die Möglichkeit maßgeschneiderter Therapien für individuelle Patienten. Diese „Präzisionsmedizin" ist z. B. in der Krebs-Therapie bereits erfolgreich.

Gerade bei so heterogenen Erkrankungen wie den Parkinson-Syndromen benötigt die Wissenschaft eine deutlich umfassendere und standardisierte klinische, biochemische und genetische Typisierung der verschiedenen Krankheitsvarianten. Das Ziel muss es sein, Patientengruppen zu etablieren, die für die Überprüfung neuer klinischer Therapieansätze landesweit und rasch eingesetzt werden können. „Es verschlingt viele Monate, manchmal sogar Jahre, für jede neue klinische Prüfung geeignete Patienten zu finden. Diese sind meist hochmotiviert, sich an Studien zu beteiligen. Die große Herausforderung ist, passende Probanden und passende Studien zusammenzubringen", so Höglinger. Erfreulicherweise haben z. B. die DPG oder das Deutsche Zentrum für Neurodegenerative Erkrankungen (DZNE) in begrenztem Rahmen Gruppenstudien mit Parkinson-Patienten initiiert. Das größere Ziel aber muss sein, ähnlich wie existierende Krebsregister, ein Parkinson-Register national aufzusetzen und langfristig zu erhalten.

Auch auf dem Gebiet der Therapieentwicklung ist die Forschung für PatientInnen mit Parkinson und anderen Bewegungsstörungen in Deutschland sehr aktiv. Erst vor vier Jahren wurden die ersten Personen mit der seltenen Bewegungsstörung Chorea Hungtington mit der neuartigen Antisense-Oligonukleotid-Therapie erfolgreich behandelt. Diese Substanzgruppe unterdrückt die Produktion fehlgefalteter Eiweiße auf der Basis defekter Gene. Das Verfahren wird nun auch in Deutschland in klinischen Studien bei Parkinson-Syndromen eingesetzt. Ein anderes Beispiel für neuartige molekulare Therapiestrategien sind zahlreiche Studien mit monoklonalen Antikörpern, etwa gegen das alpha-Synuclein oder das Tau-Protein, welche mit Parkinson-Syndromen im ursächlichen Zusammenhang stehen. So hat eine Studie mit dem alpha-Synuclein-Antikörper Prasinezumab bei Parkinson kürzlich vielversprechende Zwischenergebnisse erbracht, die eine Weiterentwicklung rechtfertigen.

Unter der Parkinson-Agenda 2030 stellt sich die Fachorganisation jetzt verstärkt den beschriebenen wissenschaftlichen und gesellschaftlichen Herausforderungen. Im Rahmen besserer Öffentlichkeitsarbeit sollen Sensibilisierung und Aktivierung der Gesellschaft für die Belange der PatientInnen mit Parkinson und anderen Bewegungsstörungen erreicht werden. Dabei soll die nationale Förderlandschaft für die Erforschung der Ursachen und Behandlungsmöglichkeiten deutlich verbessert werden. Als wichtigen Baustein hierfür hat die DPG die Parkinson Stiftung initiiert.

Die DPG unterstützt mit ihren Arbeitsgruppen die Erforschung der Ursachen, der Früh- und Differenzialdiagnostik und neuer Therapiemöglichkeiten. Ein nationales Register für Parkinson und andere Bewegungsstörungen wird etabliert und gefördert. Insbesondere soll auch mit Nachdruck die nationale Forschungslandschaft für die klinische Prüfung neuer Therapieansätze mit Patienten optimiert werden.

Diese Anliegen dienen einem Ziel: in den kommenden 10 Jahren die Entwicklung neuer Therapien für Parkinson und andere Bewegungsstörungen den entscheidenden Schritt voranzubringen. Wie geschrieben, dass Interview habe ich nicht mit Prof. Höglinger geführt, sondern ich habe Auszüge aus dem Internet in umgeänderter Form hier eingebracht.

Ups und auch hier werde ich mal wieder bestätigt. Politischer Wille? Förderung? Niemand möchte eben Geld ausgeben, sondern immer nur verdienen.
Ich möchte Prof. Dr. med. Höglinger meinen Dank für seine nie nachlassende Unterstützung aussprechen und hoffe andere Mediziner folgen seinem Beispiel.

Ich habe den letzten Artikel an einem frühen Abend recherchiert und beschrieben. Als ich später ins Bett gehen wollte, spürte ich eine wahnsinnig große Traurigkeit. Mit Tränen unterlaufenden Augen nässte ich das Kopfkissen voll. Die Enttäuschung über unsere Gesellschaft ließ mich nicht einschlafen. Hier in der kapitalistischen Welt des Westens taugt nur jemand was, der zum Bruttosozialprodukt beisteuert. Das ich 37 Jahre Steuern und Sozialversicherungsbeiträge in höchsten Sätzen gezahlt habe zählt jetzt nicht mehr. So habe ich noch ein kleines Erlebnis mit meiner Krankenkasse. Da ich ja an Parkinson erkrankt bin, an Depression leide, dazu noch 2 Bandscheibenvorfälle und Arthrose im Knie mein Leben schmerzhaft machen, beantragte ich nach 2 Jahren wieder mal eine Rehabilitation. Doch wie in den Jahren zuvor nicht mehr bei der Rentenversicherung, sondern als Erwerbsminderungsrentner bei meiner privaten Krankenkasse. Meinen physischen und psychischen Zustand brauch ich ja nicht noch einmal hier zum Nachlesen beschreiben. Die Rentenversicherung war jedes Mal davon überzeugt, dass die Rehabilitation mir guttun und die Symptome, die Parkinson unter anderem mitbringt, etwas erträglicher machen würde. Der Rentenversicherungsträger genehmigte also immer meine Anträge und das wohl nicht ohne Grund. Anders dagegen meine Krankenkasse.

Man muss sich das mal vorstellen. Ich möchte nicht meinen monatlichen Krankenkassenbeitrag hier erwähnen, doch glauben Sie mir, er liegt bei über 1000 €. Jetzt bin ich wirklich krank und dachte in der Reha wieder Therapien, wie Physiotherapie, Logopädie, Ergotherapie und psychologische Gespräche in Anspruch nehmen zu können.
Hier nun die Antwort meiner Krankenkasse.

Guten Tag, Herr ...,
danke für die medizinischen Unterlagen. Der beratende Gesellschaftsarzt hat sich mit diesen eingehend auseinandergesetzt. Eine medizinische Notwendigkeit für die geplante Maßnahme konnte er danach nicht feststellen. Diese wäre jedoch Voraussetzung für eine Kostenübernahme einer Rehabilitation bzw. Anschlussheilbehandlung. Ansonsten ist davon auszugehen, dass eher ein Erholungscharakter im Sinne einer Kurmaßnahme im Vordergrund steht. Diese Abgrenzung zwischen notwendiger Krankenhausbehandlung und Erholung soll nicht die Sinnhaftigkeit der geplanten Maßnahme in Frage stellen. Sie ist aber wichtig bei der Frage, ob die stationären Leistungen als Krankenhausbehandlung erstattet werden können oder ob Leistungen für eine Kur möglich sind. Ihr Versicherungsschutz sieht auch für Kuraufenthalte Leistungen vor. Diese umfassen die erforderlichen ärztlichen Leistungen, Arznei- und Verbandmittel,

Heilmittel (das sind zum Beispiel Bäder, Massagen, Inhalationen, Krankengymnastik usw.) sowie die Erstellung eines Kurplanes und die Kurtaxe. Gerne erhalten Sie hiermit für diese Leistungen eine Zusage im tariflichen Rahmen. Wichtig: Für die Kosten der Unterbringung sieht der Tarif keine Leistungen vor. Bitte berücksichtigen Sie dies bei der Planung. Noch ein Hinweis zum Thema Heilmittel: In wenigen Fällen kommt es hierbei zu Irritationen bei der Preisfindung. Hintergrund ist, dass es für Physiotherapeuten, Masseure usw. keine einheitliche Gebührenordnung gibt - anders als zum Beispiel für Ärzte. Falls Sie Heilmittel in Anspruch nehmen möchten, sprechen Sie Ihren Therapeuten deshalb bitte auf seine Preise an. Keine Probleme gibt es, wenn er sich an den Beihilfepreisen orientiert. Darüber hinaus ist unter Umständen keine volle Erstattung möglich. Wir wünschen Ihnen viel Erfolg für die Behandlung und eine baldige Genesung!

Der beratende Gesellschaftsarzt hat also diagnostiziert, analysiert und entschieden, ohne mit mir gesprochen oder sich persönlich ein Bild von mir gemacht zu haben. Scheiß auf meine Krankheit und die anderen Gebrechlichkeiten, die ich habe. Ich will mir doch nur einen Urlaub auf Kosten meiner Krankenkasse gönnen oder wie soll ich die Ablehnung verstehen?

Genauso geht es mir oft bei den Medikamenten. Generika ist das Wort, dass ich in jeder Apotheke aussprechen muss. Ich sehe ja ein, dass auch die Krankenkassen sparen müssen, doch eine Geschichte möchte ich den Lesern noch aufbinden.

Ich mit meinem Rezept vom Neurologen in meiner Stamm-Apotheke. Als guter Kunde, mit denen die dort guten Umsatz machen, opfert man mir schon mal ein wenig Zeit. So auch das eine Mal, als die Angestellte sich die Mühe machte, für mich das benötigte Präparat mit dem günstigsten Preis herauszusuchen. Jetzt sagte sie mir, dass die preiswerteste Alternative doch tatsächlich das Originalprodukt sei. Ich denke natürlich an die Krankenkasse und ihr Kosteneinsparprogramm und nicke dem zu. Ich also mit meiner Papiertüte voller Medikamente nach Hause. Ein paar Wochen später, reichte ich die angesammelten und von mir vorgestreckt bezahlten Rechnungen bei der Krankenkasse ein. Ja, bei den privaten Krankenkassen sollte der Kunde immer einige tausend Euro auf dem Konto haben, denn wir müssen alles vorbezahlen. Drei Wochen danach kommt die Leistungszusage und ich kontrolliere wie immer, denn es ist oft der Fall, dass die Krankenkasse und ich verschiedener Meinung wegen des von mir eingereichten Leistungsauftrags sind. So auch dieses Mal. Die Kasse erstattet mir für das Originalpräparat 80%

zurück. Ich denke noch, da haben die sich wieder vertan und nehme das Telefon in die Hand. Eine nette Dame meldet sich und ich frage wegen der 80% und warum die Krankenkasse nicht 100% übernimmt. Ihre Antwort ließ mich staunen. Ich hätte keine Generika sondern das Originalmedikament gekauft. Ich noch ziemlich ruhig, weil ich denke, die wollen ja Kosten einsparen. Gelassen erklärte ich ihr dann, dass ich ihrem Arbeitgeber Geld eingespart hätte und das Original günstiger sei, als das Generikum. Wer jetzt denkt, sie schaut in ihre Liste und bedankt sich bei mir, liegt falsch. Ich hätte das Generikum nehmen müssen, so will es mein Versicherungsvertrag, den ich vor fast 20 Jahren abgeschlossen habe. Ich antworte, aber das günstigere Medikament ist das Original. Ihre Stimme wurde langsam unruhiger. Sie schien von mir genervt. Gestresst sagte sie mir dann noch ein Wort. Trotzdem! Ich ließ aber nicht locker und beschwerte mich weiter.

Ein paar Tage später bekam ich Post. Die Krankenkasse würde noch einmal eine Ausnahme machen und die Kosten für mein Medikament zu 100% übernehmen.

Bei meinem früheren Arbeitgeber konnten wir Verbesserungsvorschläge einreichen, und wenn das Unternehmen dadurch Kosten einsparte, wurden wir mit einer kleinen Prämie dafür belohnt.

Ich weiß nicht, ob die Krankenkassen ein ähnliches System praktizieren. Wenn ja, möchte ich einen Vorschlag einreichen. Bezahlt den einreichenden Kunden immer das günstigste Präparat, egal ob Generika oder Originalprodukt und ihr spart Kosten von mehreren hunderttausend Euros im Jahr ein. Meine Kontonummer für die Prämie habt ihr ja.

Spätestens jetzt gönne ich dem Leser eine Pause zum Nachdenken und zum Erholen, deshalb der Absatz.

Parkinson ist weltweit auf dem Vormarsch. Das verwunderliche dabei ist, dass es viel öfter in den Industrienationen auftritt als in den anderen Ländern. Eine oder zwei Generationen vor unserer Zeit hieß es noch, das Schüttelfieber ist eine Krankheit der alten und immunschwachen Menschen. Doch dieses Vorurteil wurde mittlerweile widerlegt. Die Wissenschaftler und Forscher sind der Meinung, dass unsere Lebensweise den Ausschlag gibt, an Parkinson zu erkranken.

Parkinson gehört zu den Erkrankungen, die mit einer Schädigung der energieproduzierenden Prozesse in den Zellkraftwerken (Mitochondrien) in Zusammenhang steht. Durch die Schädigung der Mitochondrien fehlt das Bindeglied zwischen den entzündlichen Prozessen im Gehirn und verursacht so den entsprechenden Untergang von Nervenzellen. Nervenzellen enthalten von allen Zellarten unseres Körpers die meisten Mitochondrien und sind deshalb besonders anfällig. Auch die gehirnschützende Blut-Hirn-Schranke ist sehr von der Funktion der Zellkraftwerke abhängig. Stellen die Mitochondrien nicht genügend Energie zur Verfügung, gelangen mehr Giftstoffe ins Gehirn.
Unser Körper bildet bei vielen Reaktionen freie Radikale, die in normalen Konzentrationen nicht schädlich sind. Erst bei einer zu hohen

Konzentration von Radikalen kann oxidativer Stress entstehen und das Risiko für Parkinson erhöhen. Geschädigte Mitochondrien und zu viele Giftstoffe sind zwei von mehreren möglichen Ursachen von oxidativem Stress.

Häufig haben Menschen mit Parkinson erhöhte Homocystein-Spiegel im Blut. Lange wurde überlegt, ob dies die Ursache der Erkrankung oder als eine Folge der Behandlung mit Parkinson-Medikamenten auftritt. Durch Tierexperimente und Studien mit Parkinson-Patienten zeigte sich, dass Homocystein wie ein Verstärker des oxidativen Stresses wirkt: Homocystein schädigt direkt die Mitochondrien, was zu einer deutlichen Erhöhung der Radikalbildung führt. Hohe Homocystein-Spiegel wirken dadurch besonders bei Parkinson neurotoxisch. Homocystein benötigt für seinen Abbau die Mikronährstoffe Vitamin B2, B6 und B12. Aus diesem Grund kann der erhöhte Homocystein-Spiegel auch eine Folge des Mangels an Mikronährstoffen sein.

Schwermetalle sind in unserem Organismus schon in winzigen Mengen giftig. Palladium, Cadmium, Blei, Quecksilber, Aluminium und Nickel sind häufige Schwermetalle. Diese unterstützen die Entstehung chronischer Erkrankungen wie Parkinson, Multiple Sklerose oder Alzheimer. Das quecksilberhaltige Thiomersal oder Aluminiumhydroxid, die als Adjuvantien in Impfstoffen zum Einsatz kommen, sollen mit

zahlreichen chronischen Erkrankungen in Verbindungen stehen. Schwermetalle und Pestizide gelangen über die Nahrung, über Luft- und Wasserverschmutzung, konventionelle Kosmetika, Zahnfüllungen (Amalgam) in unseren Körper.
Neueste neurowissenschaftliche Hypothesen gehen davon aus, dass Parkinson im Darm seinen Ursprung hat. Bereits vor den typischen Bewegungssymptomen zeigen viele Patienten Magen-Darm-Probleme. Viele Wissenschaftler sind überzeugt, dass krankhaft veränderte Eiweiße (alpha-Synukleine) über Nervenverbindungen ins Gehirn gelangen und den Ausbruch des Parkinson-Syndroms unterstützen. Nach dem Untergang der dopaminhaltigen Zellen in der Substantia nigra bilden sich dort Lewy-Körperchen, die aus alpha-Synuklein, Ubiquitin und aus anderen Eiweiß-Ablagerungen bestehen. In Folge entsteht exzessiver oxidativer Stress.

Um nichts Falsches zu schreiben, habe ich auch hier in den Weiten des Internets nachgelesen. Ich selber spürte schon immer am eigenen Körper, dass Stress Gift für uns Parkinson-Erkrankte ist. Egal ob physischer, psychischer oder oxidativer Stress. Stress ist Stress, in welcher Form auch immer und schädigt unser Gehirn.
Jetzt frage ich mich, als Bewohner eines Industriestaates, was kann ich als Parkinson

Betroffener tun? Nicht mehr Essen und atmen? Es ist doch zum verrückt werden. Natürlich weiß auch ich, dass Schwermetalle Gift sind. Sie sind für viele Krankheiten, wie zum Beispiel Krebs zuständig. Ist es nicht der Gesetzgeber, der es verpasst hat mit entsprechenden Verordnungen der Nahrungsmittelindustrie genau vorzuschreiben, welche Nahrungsmittel und zwar ohne irgendwelche chemischen Belastungen auf den Markt gebracht werden dürfen? Es ist einfach nur Sch...

Essay on the shaking Pulsy, einfach als Schüttellähmung übersetzt, so nannte 1817 James Parkinson die von ihm erkannte Krankheit.
In der Öffentlichkeit wurde Parkinson aber erst ab 1917 so richtig wahrgenommen. In Europa herrschte plötzlich die spanische Grippe und kostete bis zu 50 Millionen Menschen das Leben. Schätzungen zu Folge steckten sich ungefähr 500 Millionen Menschen mit dem Erreger an. Einige Jahre später, 1937, gab es nach der damaligen Zählung 36000 Parkinsonfälle im Deutschen Reich, die der spanischen Grippe zugeordnet wurden. Seit der Spanischen Grippe ist kein Virus mehr bekannt, der solche Spätfolgen im Gehirn der Menschen hinterlassen hat.
Postenzephalitische Parkinsonerkrankungen sind heute kaum noch zu beweisen. In der Neuzeit haben wir es meistens mit dem idiophatischen Syndrom der Krankheit zu tun. Also ohne eine Vorerkrankung.
Was heißt das für uns an Parkinson betroffenen Patienten? Noch immer stochert die Welt im Dunklen herum, wenn es um die Entstehung und die Ursache des Parkinson-Syndroms geht. Alle Ansätze, so erfolgreich sie in der Forschung auch anfangs hoffnungsvoll klangen, konnten die Krankheit nicht besiegen. Parkinson blieb immer stärker. Es gibt viele Krankheiten, die durch Viren ausbrechen. Doch in den meisten Fällen wird das Virus bekämpft oder der Wirt stirbt durch den

Befall. Parkinson dagegen ist schlauer. Er lässt sich nicht besiegen oder töten. Aber er tötet auch seinen Wirt nicht und so lebt er in unseren Köpfen bis zu unserem Ende.

Das Auffällige an dieser Krankheit ist, dass die parkinsonerkrankten Menschen nicht nur wie früher der älteren Generation angehören, sondern mit steigender Tendenz jünger werden. Im Durchschnitt sind die Menschen bei der Erstdiagnose zwischen 55 und 65 Jahre alt. Bei 10% der Betroffenen ist das Lebensalter aber unter 40 Jahre. Es gibt sogar Fälle der Krankheit bei dem die Erkrankten das 20. Lebensjahr noch nicht erreicht haben. Bei denen ist die Parkinsonerkrankung aber meist genetisch bedingt.

Eine US-Studie kam zu dem Ergebnis, dass die Einnahme von fettarmer Milch, bei drei Portionen oder mehr am Tag das Risiko um 34% steigert, später an Parkinson zu erkranken, als bei den Probanden die statt fettarmer Vollmilch getrunken haben. Eine andere Studie sagt sogar aus, dass der hohe Konsum von Milch das Risiko um 56% steigert den Morbus Parkinson zu bekommen. Es kann aber sein, dass die bei der Studie eingesetzten Milchkühe mit Pestiziden behandeltem Futter gefüttert wurden und so das Ergebnis verfälscht ist. Trotzdem habe ich persönlich jeden Tag, und das über drei

Jahrzehnte hinweg, mindestens einen Liter fettarme Milch zu mir genommen. Egal ob es an den Pestizidrückständen in der Milch oder an der fettarmen Milch im Allgemeinen lag, könnte meine Krankheit daher kommen?

Die Forschung hat den Übeltäter der Parkinsonkrankheit erkannt. Es ist das Protein Alpha-Synuclein.
Und wieder einmal etwas aus dem Internet in geänderten Sätzen.
Wie aus früheren Studien bekannt ist, bilden sich in den Zellen bereits vor ihrem Tod kleine Einschlüsse, die aus dem Protein alpha-Synuclein bestehen. Jetzt haben die Forscher einen wichtigen Mechanismus erkannt. Das Protein stört anscheinend die sogenannte Autophagozytose. Dieser Prozess gehört zum zelleigenen Entsorgungsvorgang und sorgt dafür, dass defekte Mitochondrien oder falsch gefaltete Proteine aus dem Zytoplasma, also dem Zellinneren, entfernt werden. Eine Doppelmembran umschließt dabei den zur Entsorgung gekennzeichneten Teil des Zytoplasmas und transportiert ihn zu den Lysosomen, die für die Zersetzungsarbeit zuständig sind.
Produziert eine Zelle jedoch zu viel alpha-Synuclein, kommt die Autophagozytose gar nicht erst in Gang. Mit Hilfe kultivierter Zellen und genetisch veränderter Mäuse entdeckten die

Forscher zudem ein potentielles Gegenmittel. Das Protein namens Rab1a könnte den störenden Effekt von alpha-Synuclein unterbinden. Muss aber im Überschuss vorhanden sein. Die Ergebnisse helfen den Forschern seit dem Jahre 2010 die Krankheit besser zu verstehen. Die Wissenschaftler des in England forschenden Teams sind sich sicher, durch diese Erkenntnisse neue Therapieformen entwickeln zu können. Doch auch hier, bei dieser erst hoffnungsvollen Studie, ist bis heute kein Mittel gegen Parkinson herausgekommen.

Ich als ehemals praktizierender Bodybuilder habe natürlich Unmengen an Eiweiß oder Aminosäuren zu mir genommen. Könnten diese Proteine bei mir Parkinson ausgelöst haben? Ich finde im Internet leider nichts, dass meinen Verdacht beweisen würde. So bleibt es einfach eine Vermutung von mir.

Am 6. August 2014, damals zeigten sich bei mir schon die Symptome, die sich später als Parkinsondiagnose bestätigten sollte, ließ diese Überschrift in der Medienwelt aufhorchen.

Gibt es einen Impfstoff gegen Parkinson?

Eine in jenem Jahr vorgestellte Studie berichtet von einem österreichischen Forschungslabor, dass einen Impfstoff gegen Parkinson erfolgreich an menschlichen Probanden getestet hatte. Zum ersten Male gelang es einem Forscherteam den Impfstoff PD01A als Antikörper gegen Parkinson einzusetzen. Die Welt horchte auf und der Wiener Forschungsleiter wähnte sich schon in Stockholm den Nobelpreis entgegen zu nehmen. Michael J. Fox spendete über seine Stiftung sofort einen hohen Millionenbetrag damit die Forschungen weiter finanziert werden konnten.
Alle Probanden bekamen in einem Zeitraum von 12 Monaten eine Impfung pro Woche und wurden während der gesamten Studienphase medizinisch überwacht. Ziel war es die Anreicherung des sogenannten Lewy-Körperchens in den Nervenzellen des Gehirns zu verhindern. Durch die Annahme, dass die Ansammlung von Lewy-Körperchen in größeren Mengen zum Absterben von Nervenzellen führt, was wiederum Auslöser für die typischen Symptome von Parkinson ist.

Durch die Injektion des PD01A-Antikörpers sollen nach Aussagen der Forscher die Alpha-Synuclein-Ablagerung in den Nervenzellen verhindert und verringert werden, sodass Parkinson-Symptome entweder nicht auftreten oder gelindert werden können.

Tatsächlich zeigt die Studie nun erste Erfolge bei der Parkinsonbehandlung. Bereits nach kurzer Zeit wurden in der Blutanalyse von ungefähr 50 Prozent der geimpften Patienten Alpha-Synuclein-spezifische Antikörper festgestellt. Darüber hinaus wurden die gleichen Antikörper auch in der Gehirn-Rückenmarks-Flüssigkeit nachgewiesen.

Aufgrund der bewiesenen Antikörper gegen das Alpha-Synuclein-Protein kann aus medizinischer Sicht erstmals von einem klinisch bewiesenen Impferfolg gegen Parkinson geschrieben werden. Zudem zeigten sich die unterschiedlichen Dosen von PD01A als gut verträglich und sicher für die Patienten.

Juhu, na endlich. Hoffnung für die Hoffnungslosen. Parkinson ist besiegt oder doch nicht?

Im Juni 2020 wurden die Ergebnisse einer Langzeit-Phase-1-Versuchsreihe mit PD01A veröffentlicht. In dieser Studie konnte bestätigt werden, dass die sich wiederholende Schutzimpfung mit PD01A sicher und gut verträglich war. Die gebildeten Antikörper führten zu einer nachweisbaren Reduktion von Alpha-Synuclein im Gehirn. Die Verum-Patienten erhielten insgesamt vier Impfungen unter die Haut mit zwei verschiedenen Wirkstoff-Dosen von PD01A. Im Rahmen einer Versuchsreihe über mindestens 3,5 Jahre wurde die Sicherheit, die Verträglichkeit und die eventuellen Nebenwirkungen beobachtet.

Diese setzte sich aus insgesamt vier Phasen zusammen, in der Phase-1a-Studie erfolgten die Schutzimpfungen in insgesamt 24 Wochen. Nach dem Abschluss wurden die Probanden in eine Nachbeobachtung ohne weitere Injektionen aufgenommen. In der dritten Phase-1b-Follow-up-Studie wurden Sicherheit und Verträglichkeit der ersten Auffrischungs-Impfung bewertet. Ein Jahr danach erhielten die Studienteilnehmer einen zweiten Immun-Boost. Das Resultat der Phase 1-Studie zeigte, dass die Immunisierung mit PD01A bei wiederholter Verabreichung sicher ist und über einen längeren Zeitraum gut vertragen wurde. Kein Proband schied aufgrund von Nebenwirkungen aus der Studie aus. Die ersten drei Grundimmunisierungen führten bereits zu einem erhöhten Anstieg spezifischer Antikörper, wobei in Woche 12 ein maximaler Titer erreicht wurde. Darüber hinaus führten die Grund-Immunisierungen zu einem wesentlichen immunologischen Memory-Effekt. Diese Reaktion entsteht durch die Reaktivierung und Verstärkung der spezifischen Antikörperantwort nach den Booster-Immunisierungen.

Obwohl die Studie nicht zur Bewertung der klinischen Wirksamkeit konzipiert wurde, fanden sich auch erste Hinweise zur klinischen Wirksamkeit. So zeigten sich die Beweglichkeit über die gesamte Studiendauer stabil. Es gab also über diesen Zeitraum keine Verschlechterung der motorischen Funktionen.

Im Rahmen eines von der Europäischen Kommission finanzierten Projekts erfolgte die Untersuchung eines zweiten Impfstoffs, namens PD03A. Auch er zielt auf das kranke Alpha-Synuclein ab. Der Studienablauf erfolgte ähnlich wie zuvor bei PD01A und soll mit 6 Millionen Euro an Fördergeldern der Europäischen Union unterstütz worden sein.

Die zweite Phase der PD01A-Studie ist in Arbeit und die ganze Welt wartet ungeduldig auf das Resultat.

Ich danke dem Internet mal wieder für diese Informationen.

Hoffnung? Irgendwie sitze ich hier und fühle mich trotzdem ohne jegliche Hoffnung. Warum gibt es keine neuen für mich einsehbaren Resultate mehr? Und warum sagte mir ein Professor der Neurologie, dass es in den nächsten 10 Jahren kein Mittel gegen Parkinson geben wird?

Es wäre schön mein Buch mit dem Ergebnis, dass PD01A Parkinson bekämpft und unschädlich gemacht hat zu beenden. Doch so weit ist es dann doch noch nicht gekommen. Also darf ich noch einiges, was ich so gelesen habe, hier auch vermerken.

Natürlich versprechen viele Unternehmen und Hersteller den Parkinson Patienten eine Reduzierung ihrer Symptome. Da gibt es wie schon beschrieben die Pharmaindustrie, die Nahrungsergänzungsmittelhersteller, die Physiotherapeuten und noch andere Trittbrettfahrer, die ihr Geld mit den Menschen mit Morbus Parkinson verdienen wollen.
So soll es einen Schuh geben, dessen Hersteller viel verspricht und mit folgenden Worten Werbung für sein Produkt macht.
Viele Parkinson Betroffene haben mittlerweile unseren Schuh als einfache, effektive und vor allem günstige Alternative entdeckt, die Parkinson-Symptome erfolgreich zu reduzieren. Durch die einzigartige, sensationelle Technologie unseres Schuhs werden die Symptome des Tremors und die Beschwerden der Unbeweglichkeit verringert.
Ich werde diesen Artikel kommentarlos beurteilen. Schon das Wort günstige Alternative ist bei einem Preis um die 300 Schweizer Franken ein Witz und dann sehen die Schuhe noch nicht einmal modisch schön aus (aber das ist nur meine Meinung).

Da gibt es noch die Behandlung mit den Nadeln im Ohr.
Implantat-Ohr-Akupunktur genannt. Diese Methode wurde aus der Ohr-Akupunktur weiterentwickelt. Hierbei werden Mikro-Titan-Nadeln an den Akupunkturpunkten im Ohr unter die Haut gesetzt. Durch den sich entwickelnden Dauerreiz wird die geschädigte Hirnregion über die Akupunkturpunkte stimuliert und soll zu einer Regeneration kommen.
Seit nun fast 20 Jahren wird diese alternative Heilmethode bei Parkinson angeboten und in der Praxis tritt in der Regel sofort eine Besserung der Symptome ein. Das Zittern reduziert sich wesentlich und der Gang normalisiert sich wieder. Das Wichtigste aber ist das Resultat, dass die Medikamentendosis reduziert werden kann. Diese bei Morbus Parkinson benötigten 20 bis 30 Titan-Nadeln lösen sich meist nach 20 Monaten von selbst auf. Dann ist der Zeitpunkt gekommen, diese Therapie zu wiederholen. Also eine einmalige Dauerlösung ist diese Methode auch nicht.
Außerdem übernimmt die Krankenkasse die Kosten der Behandlung nicht. Die Vorbesprechung wird meist mit 80 Euro berechnet, die in das spätere Honorar einfließen. Dazu kommen 300 bis 600 Euro Arztaufwendungen, und der Preis der Nadeln bewegt sich zwischen 300 und 750 Euro. So können für die Implantat-Akupunktur schnell

1350 Euro pro Behandlung zusammenkommen und die trägt der Patient selbst.
Ich persönlich würde diese Summe gerne bezahlen, wenn ich 100% wüsste, dass die Nadeln in meinem Ohr mir helfen würden, die Parkinsonsymptome zu reduzieren.

Um bei Parkinson durch die richtige Ernährung eine Heilung zu bewirken, wie sie in den mehrfach werbeträchtigen Seiten versprochen wird, der wird enttäuscht werden. Denn es gibt keine Nahrungsmittel, die Parkinson vertreiben. Doch mit einer zielgerichteten Ernährung ist es meist möglich die Lebensqualität und das Wohlbefinden zu steigern.
Dopamin ist ein Neurotransmitter, der bei Mangel Parkinson hervorrufen kann. In diesem Zusammenhang wird empfohlen, viel Geflügel, Bananen, Avocado, Nüsse, Paprika, Mohrrüben sowie Schalentiere in den Speiseplan aufzunehmen.
Es wurde auch festgestellt, dass Menschen, die viel Kaffee trinken, ein signifikant niedrigeres Risiko haben, am Parkinson-Syndrom zu erkranken. Für diesen Effekt ist allein das Coffein verantwortlich.
Schokolade hat durch den Kakaogehalt den Effekt, dass das Gehirn mehr Dopamin ausschüttet.
Verantwortlich dafür ist ein Alkaloid namens Salsonilol.

Je höher der Kakaogehalt, desto besser die Wirkung der Schokolade Dopamin ausschütten zu lassen.

Wissenschaftler der Universität des Baskenlandes haben entdeckt, dass Vitamin B12 das Enzym blockiert, das an der Mutation von Zellen beteiligt ist, die den Morbus Parkinson auslösen. Eine ältere Studie hat zudem gezeigt, dass sich die Krankheit bei neu diagnostizierten Parkinson-Patienten mit niedrigem Vitamin B12-Gehalt rasanter entwickelt als bei Patienten mit höherem Nährstoffgehalt.
Die Wissenschaftler empfehlen daher eine Ergänzung mit Vitamin B12, um die Krankheit zu verhindern oder zumindest zu verzögern. Auch hier zeigen Studien, dass Vitamin B3 und Q10 einen positiven Effekt haben könnten. Der Grund, warum die Parkinson-Krankheit vor allem ältere Menschen betrifft, ist das Fehlen der wichtigen Nährstoffe. Vitamin B12 wird hauptsächlich über tierischen Nahrungsquellen wie Fleisch, Fisch, Eiern und Milchprodukte aufgenommen. Das Vitamin wird vom Dünndarm mit Hilfe einer Trägerverbindung in den Blutkreislauf übergeben. Obwohl die Coli-Bakterien im Dickdarm in der Lage sind, geringe Mengen an Vitamin B12 zu produzieren, können wir es von dort leider nicht aufnehmen. Rund jeder vierte Mensch in den Industrienationen, in einem Alter von über 60 Jahren, hat einen Vitamin-B12-

Mangel. Der Grund ist die Fähigkeit, dass das Vitamin aus der Nahrung oder aus Nahrungsergänzungsmitteln aufzunehmen, mit dem Alter stark abnimmt. Tatsächlich kann es nur ein Prozent des aufgenommenen Nährstoffs betragen. Es besteht ein bewiesener Zusammenhang zwischen Alterungsprozessen und einem Mangel an Vitamin B12 die zu einem erhöhten Risiko für die Entwicklung der Parkinson-Krankheit führen können.

Zu wenig Magensäure, zu hoher Alkoholkonsum sowie die dauerhafte Einnahme von Hormon- und Schlaftabletten können die Fähigkeit zur Aufnahme von Vitamin B12 beeinträchtigen. Andere Studien zeigen, dass Menschen, die Metformin gegen Typ-2-Diabetes einnehmen, einen Mangel oder einen erhöhten Grenzwert-Mangel an Vitamin B12 bekommen könnten.

Da der Körper nur schwer die Vitamine B12 aufnehmen kann, enthalten viele Vitamin-B12-Präparate große Mengen an Nährstoffen.

Einige Vitamin-B12-Präparate werden in Form von Lutschtabletten angeboten, da durch die Mundschleimhaut eine viel bessere Aufnahme möglich ist.

Eine Studie an Patienten mit der Parkinson-Krankheit zeigt außerdem, dass es sich positiv entwickelt, die Zufuhr von Vitamin B3 aus Nahrungsmitteln zu erhöhen. Dies liegt daran, dass das Vitamin aktiv am zellulären

Energieumsatz und an der Reparatur beschädigter Nervenzellen-DNA beteiligt ist. Vitamin B3 ist wie sein Bruder B12 hauptsächlich in Lebensmitteln wie Fleisch, Fisch, Geflügel, Nüssen, Kernen und Samen zu finden.

Ein Mangel von Vitamin B3 könnte auf ungesunde Ernährungsgewohnheiten, Alkoholmissbrauch, Alterungsprozesse und einen längeren Gebrauch von Diuretika zurückzuführen sein.

Q10 ist ein Coenzym, das es in zwei Formen gibt. Die erste Form, Ubichinon, ist am zellulären Energieumsatz beteiligt, der in den Mitochondrien stattfindet. Die zweite Form, Ubichinol, wirkt als Antioxidans und schützt Zellen und ihre Mitochondrien vor freien Radikalen und oxidativem Stress. Bei der Parkinson-Krankheit gibt es Beweise für defekte Mitochondrien im Gehirn, weshalb es durchaus zu erwähnen wäre, die Einnahme von Q10 als Nahrungsergänzungsmittel in Betracht zu ziehen.

Eine japanische Studie zeigte, dass eine tägliche Supplementierung mit Q10 (300 mg) die Symptome bei einigen Parkinson-Patienten reduzierte, was bedeutet, dass Q10 als Adjuvans in der Therapie verwendet werden könnte.

Menschen stellen einen großen Teil unseres Q10 selbst her, aber die körpereigene Synthese der Verbindung nimmt mit zunehmendem Alter kontinuierlich ab und sie spüren, dass ihre Vitalität nachlässt, sobald sie über fünfzig Jahre alt werden.

Cholesterinsenkende Medikamente (Statine) blockieren auch die Q10-Synthese des Körpers. Es ist möglich, den Verlust von Q10 durch die Einnahme einer Ergänzung entgegen zu wirken. Q10 ist eine Verbindung, die vom Körper nur sehr schwer aufgenommen wird. Mit speziellen Ölen gemischt und einem bestimmten Erhitzungsprozess ausgesetzt kann Q10 dann durch den Dünndarm aufgenommen werden. Auf diese Weise lösen sich die Q10-Kristalle vollständig auf, sodass sie die Darmwand durchlaufen und in den Blutkreislauf gelangen können.

Die Parkinson-Erkrankung geht mit Bewegungsstörungen einher und schreitet langsam voran. Erkrankten haben große Schwierigkeiten, „in Gang" zu kommen, die Muskulatur ist verspannt, zittert oft und neigt zu verkrampfen. Für diese Menschen mit dem Parkinson-Syndrom werden Nahrungsergänzungsmittel mit Coenzym Q10 angeboten. Ob diese tatsächlich helfen, die chronische Krankheit aufzuhalten oder die Beschwerden zu verbessern, wurde in keiner Studie bewiesen. Bei diesen Studien wurde sich darauf konzentriert, dass die Probanden nach dem Zufallsprinzip entweder Coenzym Q10 oder ein Placebo einnehmen mussten. Solche Studien liefern die zuverlässigsten Antworten. Bei der Recherche wurde eine Zusammenfassung von acht Studien zusammengefasst.

Das Ergebnis war, dass kein belegbarer Nutzen von Coenzym Q10 bewiesen werden konnte. Bewegungsstörungen würden sich mit Coenzym Q10 wohl ähnlich entwickeln wie mit einem Placebo. Das bedeutet, nach heutigem Wissenstand hat Coenzym Q10 wohl keinen positiven Einfluss auf die Parkinson-typischen Bewegungsstörungen. Die besten verfügbaren Studien zu diesem Thema sind aber auch zu sehr unterschiedlichen Ergebnissen gekommen. So zeigen zwei der acht Studien einen scheinbar positiven Effekt von Coenzym Q10, während in zwei anderen das Scheinmedikament besser abschneidet. Hinweise auf die Wirkungslosigkeit von Coenzym Q10 scheinen jedoch in der Mehrzahl. Deshalb wurden die Ergebnisse aller acht Studien zusammenfasst.

Wie sieht es mit möglichen Risiken von Coenzym Q10 aus? Nur in drei der acht Studien finden sich Angaben zu unerwünschten Effekten. Dabei zeigten sich keine besonderen Unterschiede zwischen Coenzym Q10 und dem Placebo ab, was prinzipiell für eine gute Verträglichkeit sprechen würde.

Bei der Parkinson-Krankheit gehen im Gehirn bestimmte Nervenzellen zugrunde, die den Botenstoff Dopamin produzieren. Durch das fehlende Dopamin kommt es zu Bewegungsstörungen. Am Anfang der Erkrankung muss Parkinson nicht unbedingt mit Medikamenten behandelt werden. Nötig wird das erst, wenn die Bewegungsstörungen das Leben der Betroffenen spürbar einschränken. Dann werden in der Regel Medikamente eingesetzt, die das fehlende Dopamin ersetzen oder dessen Wirkung verstärken. Mit fortschreitender Erkrankung lässt die Wirkung der Medikamente nach.

Wie soll Coenzym Q10 dann helfen?

Coenzym Q10, wird auch Ubichinon genannt und spielt eine wesentliche Rolle in den Stoffwechselprozessen der menschlichen Zellen. Bei der Parkinson-Krankheit sind einige dieser Prozesse gestört. Coenzym Q10 soll dafür sorgen, dass diese Abläufe wieder besser funktionieren und so auf die Krankheit einen positiven Einfluss nimmt. Allerdings spielen vermutlich auch noch viele weitere Faktoren eine Rolle, die außer Acht gelassen werden können.

Die Dosis an Coenzym Q10 bei den Studien lag zwischen 300 und 2.400 Milligramm pro Tag und bis zu 24 Monate eingenommen. An den Studien nahmen insgesamt rund 900 an Parkinson erkrankte Erwachsene teil. Im Mittel etwa 63 Jahre alt, knapp zwei Drittel waren Männer. In drei Studien war die Krankheit in einem so frühen Stadium, dass die Teilnehmenden keine Parkinson-Medikamente benötigten. Am Ende der

Studien wurde dann jeweils verglichen, wie sich die Bewegungsstörungen mit Coenzym Q10 oder dem Scheinmedikament verändert hatten. Es deutete sich an, dass die Nahrungsergänzungen mit Q10 wohl keine spürbaren positiven Auswirkungen haben. Auch höhere Dosierungen verbesserten die Ergebnisse nicht.

Vielen Dank an die vielen Berichte aus dem Internet, woher ich mein Wissen über Q10 in eigenen Worten, aber gleichen Inhalts beschreiben konnte. Ich schreibe über das Coenzym Q10 so ausführlich, weil es immer noch als das Wundermittel gegen Parkinson an den Mann (Frau) gebracht wird. Doch mein Fazit ist ein anderes. Hier geht es wiederum nur darum, den Gutgläubigen Hoffnung auf Linderung ihrer Symptome zu machen und an ihnen Geld zu verdienen.

Die meisten der an Morbus Parkinson Leidenden berichteten in mehreren Umfragen, dass ihnen körperliche Aktivität hilft, ihr Wohlbefinden zu verbessern.
Dabei ist es egal welche Sportart ausgeübt wurde. Das Wandern, das Fahrradfahren, Yoga oder Tai Chi, das Schwimmen und viele andere Bewegungsarten können die Lebensqualität der Betroffenen verbessern.
So auch bei mir. Als Kind begann ich mit dem Fußball und betrieb diesen Sport aktiv 30 Jahre lang. Mit 21 Jahren entdeckte ich das Fitnessstudio für mich und auch diesen Sport blieb ich bis zum heutigen Tag treu, wenn auch in wesentlich abgespeckterer Form gegenüber früherer Zeit. Das „Gym" war 30 Jahre lang mein Leben, nachzulesen in einigen meiner anderen Bücher. Die Ärzte, bei denen ich mich in den letzten Jahren vorstellen durfte, kamen alle zum gleichen Fazit und rieten mir den Sport auf alle Fälle beizubehalten.
Doch ich sollte auch mindestens eine Sportart als Therapie wählen, indem große und kleine Bewegungen koordiniert werden müssen. Dazu sollte die Reaktionsgeschwindigkeit und das Gleichgewicht trainiert werden. Meine Frau wurde plötzlich hellhörig, als mein Neurologe von einer Tanztherapie sprach. Da sie das Tanzen liebte, hätte sie sich sicher gefreut, wenn ich mich für das Tanzen entschieden hätte. Doch ich hörte vom

Tischtennis oder besser gesagt, ich hörte von Ping Pong Parkinson.
Der Gründer von Ping Pong Parkinson ist der US-kroatische Musiker und Friedensaktivist Nenad Bach. Die Erkrankung an Parkinson führte ihn zum regelmäßigen Tischtennistraining. Das bewirkte nach rund einem halben Jahr, eine Verbesserung seiner Symptomatik. Dieser Erfolg veranlasste ihn, 2017 Ping Pong Parkinson als gemeinnützigen Verein ins Leben zu rufen. Zwei Jahre später organisierte Nenad Bach die erste PPP-Weltmeisterschaft in Pleasantville. Von den 61 Teilnehmern aus drei Kontinenten (Amerika, Asien, Europa) gingen weitere Initiativen aus. Turniere wurden veranstaltet, Trainingsgruppen gebildet, Tischtennisvereine als Partner gewonnen. Bis dato sind in 13 Ländern nationale Ableger von PPP entstanden.

PPP Deutschland verzeichnete bisher den größten Zulauf. Ausgehend von der in Nordhorn beheimateten Zentrale, PingPongParkinson Deutschland e.V., entwickelte sich ein schnell wachsendes bundesweites Netzwerk mit über 160 Stützpunkten. Ehrenamtliche Helfer entlasten hierbei die Stützpunkte. Es wurde begonnen, Landes- und Regionalleiter zwischenzuschalten. Die Stützpunkte schlossen sich bereits bestehenden Tischtennisvereinen an. Die Personen mit Parkinson trainieren dort nicht nur unter sich, sondern auch gemeinsam mit nicht erkrankten Sportlern und können sogar an deren regulärem Punktspielbetrieb der Vereine teilnehmen. Der Jahresbeitrag bei PPP-Deutschland, drei Jahre nach der Gründung, beläuft sich für die mittlerweile 1000 Mitglieder auf 12 € im Jahr. Der größte Teil der vereinnahmten Gelder stammt jedoch aus Spenden und Sponsoring. Ehrenmitglieder sind PPP-Gründer Nenad Bach und Tischtennis-Bundestrainer Jörg Roßkopf. Zu den Unterstützern zählen der amtierende Bundesgesundheitsminister Karl Lauterbach sowie der Arzt und Comedian Dr. Eckart von Hirschhausen.

Parkinson ist noch immer unheilbar, verläuft in der Regel schleichend und äußert sich, unter anderem, in langsamen und unsicherer werdenden Bewegungen. Symptome, die leicht fehlgedeutet werden, Scham auslösen und zum Rückzug aus der Öffentlichkeit führen können. Dies zu überwinden, ist eines der Ziele von Ping Pong Parkinson. PPP sieht sich selbst als Unterstützer zu einer aktiveren Lebensführung und als Angebot, aus der häuslichen Isolation heraus in eine Gemeinschaft zu finden. Dies soll alternativ oder ergänzend zur klassischen Selbsthilfegruppe geschehen. Der Leistungsgedanke spielt dabei eine kleinere Rolle. PPP fördert und veranstaltet Wettkämpfe hauptsächlich mit dem Ziel, die

öffentliche Wahrnehmung für Parkinson zu erhöhen. Außerdem bemüht man sich um die Aufnahme durch das Internationale Paralympische Komitee.
(Quelle: Wikipedia)

Ich spielte zuvor zwar nur einmal in einer Rehabilitation zum Spaß Tischtennis, doch ich wagte den Schritt und schloss mich im November 2021 dem TTV Hervest-Dorsten an und wurde Mitglied in der weltweiten PPP-Familie. Am Anfang machte ich in meinem Spiel schnelle Fortschritte. Doch diese Fortschritte wurden immer kleiner bis hin zur Stagnation. Ich spielte die Weltmeisterschaft in Pula mit und absolvierte die Starter-Ausbildung erfolgreich. Doch Tischtennis spielen kann ich noch immer nicht. In der offiziellen Rangstatistik stehen bei 17 registrierten Einsätzen, 17 Niederlagen zu buche. (Stand Januar 2023) Trotzdem habe ich riesigen Spaß an diesem Sport, bzw. an diese Therapie, denn das ist das Tischtennis für mich. Doch Moment mal. Da gibt es doch noch meinen Mitbewohner und der mag es gar nicht, wenn ich Freude und Spaß habe. Im Gegenteil, er möchte mir die Freude unterbinden und setzt alles daran, mir den Spaß zu nehmen. Er gestattet mir nämlich nicht die Schlagbewegungen so ausführen zu können, wie es für mein Spiel von Nöten wäre. Auch meinen Kopf manipuliert er gewaltig. Er macht mich wahnsinnig, indem er mir immer zuflüstert, dass nicht ich sondern der Gegner den nächsten Punkt machen wird.

Er lässt meine Hände zittern und friert mich oft ein. Dabei hat er großen Spaß und ich höre ihn dann in meinem Inneren lachen. Er hat es auch schon geschafft, dass ich resigniert die Heimfahrt antrat. Doch mein Ehrgeiz verbietet es mir ihm den Sieg über mich zu erlauben und so versuche ich mir, wenigstens das Tischtennis nicht von Parkinson nehmen zu lassen. Da ich in dieser großen Gruppe, nicht wie die meisten anderen Mitglieder, schon vor meiner Erkrankung Tischtennis gespielt habe, ist es für mich umso schwieriger, den Rückstand aufzuholen. Aber dieses Mal hatte Parkinson auch etwas Positives. Ich lernte durch Ping Pong Parkinson viele neue und vor allem nette Menschen kennen. Ich bin stolz jetzt zu ihnen gehören zu dürfen. Ich erlaube mir mal einige mit ihren Vornamen hier zu grüßen. Also ich Grüße die Mitglieder Jürgen, Margret (wir sind fast eine Familie geworden), Norbert, Theo, Hans-Georg, Ede, Kathrin, Thorsten, nochmal Thorsten, Michael, Jörg, Lars, Gabi, Mick, Andrea, Bernhard und Yurie, die in Japan lebt. Einen besonderen Gruß gehört meinem Betreuer Marco, der sich mir angenommen hat. Sollte ich jemanden vergessen haben, so möge er oder sie es mir bitte verzeihen.

So ab hier werde ich nun eine kleine Pause einlegen und gönne dem Leser die kurze Unterbrechung zum Durchatmen, um das von mir Geschriebene zu verarbeiten. Ich habe einiges aus dem Internet erfahren müssen und habe dieses mit meinen eigenen Worten versucht wiederzugeben. Das musste ich tun, um die Richtigkeit meiner Sätze zu untermauern. Das bedeutet aber auch, alles was ich auf das Papier gebracht habe, kann im World Wide Web überprüft werden.

Basierend auf Erkenntnissen aus unzähligen wissenschaftlichen Studien sowie mit der Hilfe von Therapeuten, Professoren und Gedächtnistrainern wurde bewiesen, dass wer die kognitiven Fähigkeiten gleichermaßen trainiert, nachweislich dazu beitragen kann, degenerativen Erkrankungen wie Parkinson entgegenzuwirken. Zudem kann konsequentes Gedächtnistraining die Gehirnleistung bewiesenermaßen deutlich steigern oder einer Reduzierung vorbeugen.

Bei vielen Parkinson-Patienten sind das Erinnerungsvermögen und die Denkfähigkeit noch gut bis ausreichend. Andere dagegen bemerken Veränderungen oder vergessen immer öfter alltägliche Dinge. Auch das sich Konzentrieren wird bei ihnen zu schwerer Arbeit bis hin zur völligen Unkonzentriertheit. Dies kann meistens zur Abgliederung an Gesprächen, bis zur Vereinsamung führen. Häufig sind kognitive Störungen folgend zu erkennen.

- Fehlende Aufmerksamkeit oder der Konzentration
- dem Planen von Dingen
- dem Folgen von komplexen Unterhaltungen
- dem Lösen von komplizierten Aufgaben
- dem schnellen Formulieren von Gedanken
- dem Erinnern an Ereignisse.

Wenn die Parkinson-Krankheit auch auf die Teile des Gehirns übergreift, die für das Denken und das Erinnern verantwortlich sind, treten die oben genannten Probleme auf. Bei den meisten

Patienten passiert dies erst in fortgeschrittenen Krankheitsphasen über das 65. Lebensjahr hinaus. Bei einigen Parkinson-Patienten mit kognitiven Störungen treten Halluzinationen und Wahnvorstellungen auf. Bei der Parkinson-Erkrankung ist in der Regel das „Sehen" betroffen. Parkinson-Patienten meinen dann Tiere oder Menschen, die nicht real sind zu erblicken. Anfangs sind sich Patienten sind oft noch bewusst, dass die Halluzinationen nicht der Wirklichkeit entsprechen. In späteren Krankheitsverläufen könnte die Abgrenzung zwischen Realität und Halluzination dann schwieriger werden. Wenn die Wirklichkeit nicht richtig wahrgenommen wird, kann es zu Illusionen kommen. Durch den aufkommenden Wahn kann es zu Fehlwahrnehmungen und einer Fehlbeurteilung der Wirklichkeit kommen. Patienten sind sich dabei auch oft bewusst, dass ihre Gedanken und Handlungen nicht der Normalität entsprechen. Kleinere Halluzinationen, die der Patient selbst als Halluzination einstuft, bedürfen keiner Therapie. Der behandelnde Mediziner sollte aber die Medikation überprüfen und ein weiteres Vorschreiten im Auge behalten. Halluzinationen und Wahnvorstellungen werden durch die Anpassung der Parkinson-Medikation durch den Austausch mit anderen Medikamenten, vor allem solcher, die für Schlafstörungen oder gegen Schmerzen eingenommen werden, behoben.

Sollten die Halluzinationen und der Wahn dennoch weiter fortbestehen, kann Ihnen Ihr Arzt auch zusätzliche Tabletten zur Verbesserung des Denkens verschreiben. Dazu gehören Clozapin und Quetiapin gegen Halluzinationen oder Wahnvorstellungen, können aber als Nebenwirkung zu Müdigkeit führen.

Das Denk- und Erinnerungsvermögen kann durch eine gesunde Lebensweise mit gesunder Ernährung, regelmäßigem Sport, ausreichendem Schlaf, einem gut eingestellten Blutdruck und dauerhaftem Gedächtnistraining verbessert werden. (Quelle Internet)

Um meine kognitiven Fähigkeiten nicht zu verlieren, versuche ich durch das Schreiben von Sachbüchern, Romanen, Gedichten und Songtexten mein Gehirn im Training zu halten. Wie ich beim Sport die Muskeln beanspruche und diese zum Wachstum animiert habe, so trainiere ich beim Schreiben mein Gehirn und hoffe es bleibt so bei den gewohnten kognitiven Fähigkeiten. Ich weiß nicht, ob dieser Wunsch aufgehen wird, aber später kann ich in den Spiegel schauen und zu mir selbst sagen, ich habe es zumindest probiert. Die Zukunft wird mir die Antwort aber irgendwann bescheren.

Es ist für uns an Parkinson Betroffene enorm wichtig durch Physiotherapie, Ergotherapie und Sport den Körper einigermaßen fit zu halten.

Gerade bei uns, bestätigt sich der Wortlaut, „wer rastet, der rostet", mehr als bei Nichterkrankten. Ich zum Beispiel roste schon im Schlaf während einer Nacht.

Auch die Erholungsphasen bei körperlicher und auch bei geistiger Anstrengung werden bei mir kontinuierlich länger. Habe ich an einem Tag meinen Sport praktiziert, benötige ich nun den nächsten Tag zur Erholung. Relaxe ich an diesem Tag nicht, fühle ich mich danach wie vom Lkw überfahren.

In letzter Zeit vergesse ich mal einen Namen aus meinem Umfeld. Es ist jetzt nicht so, dass mir der Name eines guten Bekannten nicht mehr einfällt, aber trotzdem muss ich manchmal fragen, wie der eine oder die andere aus früheren Zeiten mit Namen heißt.

Wenn das der Fall ist, schleicht sich immer langsam die Angst vor der 6x höheren Demenz bei Menschen mit Parkinson bei mir ein. Mit dieser Angst muss ich aber leben.

Ein weiterer Punkt des Parkinson-Syndroms ist die ewige Müdigkeit.

Ich persönlich stehe ja schon wie zuvor erwähnt, erschöpft auf. Das liegt mit Sicherheit an den Schlafstörungen, die mich Nacht für Nacht besuchen.

Herr Parkinson meint nämlich jede Nacht mit einigen seiner von ihm eingeladenen Bekannten eine Party in mir zu feiern und die Schlafstörungen sind jede Nacht eingeladen.

Tagsüber bin ich dann körperlich am Limit. Erschöpft und müde schleiche ich durch den Tag. Es ist wie von der Grippe überfallen worden zu sein. Es gab Zeiten, da musste ich über Wochen meinen Schlaf mit Schlaftabletten (Mitrazapin) einleiten. Doch das konnte und durfte kein Dauerzustand werden.

Der Chefarzt in der Schlossklinik, die mal 5 Wochen mein Zuhause war, stellte meine Medikation dann um. Seitdem nehme ich den Müdemacher Pramipexol Retard am Abend statt am Morgen ein. Erschöpft und körperlich ausgelaugt bin ich immer noch, doch schlafe ich tagsüber bei Besprechungen nicht mehr ein. Das Autofahren für Kurzstrecken ist auch wieder möglich, aber nur soweit, wie es die aufkommenden Rücken- und Fußschmerzen zulassen. Mit Tränen in den Augen musste ich wegen meines Krankheitszustandes mit ansehen, wie der neue Besitzer unseres Wohnmobils mit all unseren Erinnerungen wegfuhr. Wieder ein Stück Lebensqualität und Lebensfreude abhanden gekommen. Ich erinnere mich an 2 Fälle, die typisch für meine Erschöpfung sind. Ich gehe alle drei Wochen wegen meiner sehr kurzen Frisur zum Frisör. Dabei unterhalten die Frisörin und ich uns immer. Meistens über das Campen mit dem Wohnmobil oder über unsere Hunde. Sie hat einen schwarzen Schäferhund und wir unseren rotweißen Akita. Bei dieser Unterhaltung kommt es oft vor, dass mir vor Müdigkeit die Augen zu fallen. Ich kämpfe dann immer gegen den anklopfenden Schlaf und versuche die Tür für ihn zuzuhalten. Doch es kommt auch vor, dass mein Untermieter ihm ein Fenster öffnet und er dann darüber einsteigt.

Das zweite Beispiel ist mir noch letzte Woche passiert. Jeden Montag bin ich morgens bei der Ergotherapie und versuche meiner schlechter werdenden Feinmotorik entgegen zu wirken. So auch dieses Mal. Ich mache meine Übungen für die Beine und merke mehrere Male wie mir die Augen zufallen. Ich war froh, als die Übung, ohne eingeschlafen zu sein, dann beendet wurde. Wer jetzt meint, ich wäre mental am Boden gelegen, der irrt sich. Denn danach durfte ich Solitär spielen, indem ich die passenden Muttern auf die Schrauben auf- und abdrehen musste. Ich gewann das Spiel. Ich räumte Schraube für Schraube ab, bis zum Schluss nur eine einzige Mutter auf der mittleren Schraube übrig blieb. Am anderen Tag wiederholte ich dies noch einmal beim Treffen mit meiner Selbsthilfegruppe.

Es waren vier Jahre seit meiner Erstdiagnose vergangen. In der ganzen Zeit hielt ich meine Krankheit geheim. Weder auf der Arbeit noch im Bekanntenkreis erzählte ich irgendjemandem über mein Parkinson-Syndrom. Nur der engste Familienkreis wusste Bescheid. Das heißt, meine Frau, meine Tochter, der Schwiegersohn und zwei enge Freunde von mir. Jetzt fragt mich natürlich jeder, warum hast du dich nicht von der Last auf deinen Schultern befreit und hast mit dem Bekenntnis klar Schiff gemacht? Zuerst einmal musste ich mir selbst eingestehen, dass ich unheilbar krank geworden bin. Das war schwieriger als angenommen. Dann war da noch die Arbeit. Ich hatte Angst meinen Job, den ich liebte, zu verlieren. Auch das Schamgefühl, jetzt behindert zu sein, hielt mich mental zurück. Doch es kam der Zeitpunkt, als die Krankheit so weit fortgeschritten war, dass ich meinen Hausbesetzer nicht mehr in meinem Umfeld geheim halten konnte. Das Zittern war nun genauso deutlich für jedermann zu sehen, wie der gebeugte und schlurfende Gang.

Da kam mir die Idee, ein Buch über mich und Parkinson zu schreiben (Kein Bodybuilder, dafür Parkinson). Mit diesem Buch, weihte ich mein Umfeld ein. Es war wirklich so, dass ich mir selbst damit die Last von den Schultern genommen habe. Jetzt gab es kein Zurück mehr. Ich erinnere mich noch rückblickend ganz genau an die ersten

Anzeichen der Parkinson-Krankheit. Natürlich habe ich denen keine wirkliche Beachtung geschenkt, denn ich hätte niemals daran gedacht, dass Herr Parkinson schon in meinem Kopf wohnte.

Ich bemerkte zuerst ein leichtes Augenlidzucken. Nicht oft, aber es war ab und zu da. Meine Darmprobleme kann ich nach heutigem Stand auch dem Parkinson-Syndrom zuschreiben. Doch woher sollte ich das damals alles wissen? Es kamen Schlafprobleme, die ich der Wechselschicht ankreidete dazu und noch immer machte ich mir keine Sorgen. Auch das mich meine Frau schon jahrelang beim Spazierengehen auf meinen gebeugten Gang aufmerksam gemacht hatte ignorierte ich. In der Rehabilitation bemerkte ich dann beim Nordic Walking, dass ich den Stockeinsatz nicht hinbekam. Der linke Arm spielte nicht mit. Ich dachte noch, ich sei zu doof dafür. Trotzdem lief ich mit großen Schritten immer voreweg. Ich kann heute noch besser in großen Schritten laufen, als in kleinen Schritten, die dann zu Trippelschritten werden. Als nächstes machte sich bemerkbar, dass ich beim Gehen den linken Arm herunterhingen ließ. Er schwang nicht mehr automatisch mit. Natürlich waren dies alles Anzeichen einer Parkinson-Erkrankung. Doch ich wusste es damals einfach nicht. Dazu wurde ich bei meinem Krafttraining im „ Gym" immer schwächer, dafür aber schmerzempfindlicher.

Diese typisch für Parkinson in Verbindung gebrachten Symptome traten schon fünf Jahre vor der Diagnose auf. Danach begann mein linker Arm an ganz leicht zu zittern, und das genau zwei Jahre bevor mir die Neurologin dann letztendlich das sagte, was ich mir schon selber eingestanden habe.

Jetzt war es raus und ich am Boden zerstört. Was sollte ich tun? Wie damit umgehen? Ich war der Ohnmacht nahe. Verkroch mich in mein Schneckenhaus und fragte mich, warum ich?

Das konnte doch gar nicht sein. Morbus Parkinson bekommen doch nur ältere Menschen, doch ein Dat-Scan in der Uni-Klinik Essen bestätigte dann den Verdacht und ich hatte endlich die Gewissheit, auf die ich am liebsten verzichtet hätte.

Irgendwann kam bei einem Gespräch mit meiner Neurologin das Thema Selbsthilfegruppe auf. Ich sah vor meinen inneren Augen alte Menschen, die sich wie Mohamed Ali im Endstadium der Krankheit bewegten. Männer und Frauen, die mit der Demenz, verursacht durch Parkinson, kämpften, machten mir Angst. Das alles wollte ich auf gar keinen Fall. Ich verneinte ihre Frage mit den oben genannten Gründen und das Thema war für mich vom Tisch. Ich wollte einen anderen Weg für mich einschlagen. Heute weiß ich es besser, aber dazu komme ich jetzt.

Es war der Januar 2020 als meine Welt zusammenbrach und ich Hilfe von außen benötigte. Dringend benötigte! In Absprache mit meiner Neurologin ließ ich mich in psychologischer Behandlung in die Schlossklinik in Borken am Prösting See einweisen. Eine meiner besten Entscheidungen von vielen Falschen, die ich in meinem Leben bis dahin getroffen hatte. Direkt im Anschluss ging es ab in die Reha nach Bad Wildungen. Insgesamt war ich 9 Wochen in stationärer Behandlung und Beobachtung.

Doch vorher suchte ich das Internet nach Hilfe ab, und ich stieß auf den Bundesverband der Selbsthilfegruppe Parkinson Youngsters. Youngsters, das liest sich ja schon mal anders als an alte an Parkinson erkrankte Menschen zu denken. Ich habe nichts gegen alte Leute, im Gegenteil, ich möchte selber alt werden, doch die eigene Angst hing mir im Nacken. Also gibt es außer mir noch viele andere Menschen mit dem Parkinson-Syndrom, und das ganz in meiner Nähe, denn der Hauptsitz ist in unserer Nachbarstadt Dorsten beheimatet.
Schon die Überschrift auf der Homepage weckte mein Interesse.

Herzlich Willkommen auf unserer Seite.
Wir bieten dir die Möglichkeit dich rund um das
Thema Parkinson zu informieren. Uns ist es

wichtig, nicht nur Fachinformation aufzulisten,
sondern eine Plattform aus der Sicht der Patienten
zu schaffen. Erfahrungsberichte von Betroffenen,
da keiner so gut beschreiben kann, was Parkinson
ist, als wir selbst.
Auch stellen wir Videos, Berichte und Downloads
zu den verschiedenen Themen zur Verfügung.
Alles natürlich kostenlos.

Sorry Nadine, ich habe mir einfach mal erlaubt,
euere Homepage-Überschrift ohne Änderung zu
übernehmen. Ich hoffe nicht, dass du auf dein
Urheberecht bestehst.
Nadine? Ja, Nadine Mattes ist die Gründerin des
Bundesverbandes Parkinson Youngsters.
Übrigens, neue Mitglieder sind immer willkommen.
Nadine ist eine klein- gewachsene Frau, deren
wahre Größe ihr Körperbau nicht Preis gibt. Erst
wenn man sie bei irgendwelchen Verhandlungen
erlebt, erkennt man ihre wirkliche Größe.

Mit einem weiteren Satz, den ich hier 100%
übernehme, las ich mich damals in die Homepage
ein.

„Viele Betroffene trifft die Diagnose Parkinson
völlig unvorbereitet. In der Regel fühlt man sich in
eine andere Welt katapultiert. Plötzlich steht das
ganze Leben auf dem Kopf. Nichts ist ab diesem
Zeitpunkt mehr wie es vorher war. Da die

Krankheit sich meistens schleichend entwickelt und viele der meist unerklärlichen Symptome zuerst einmal auf normale Alterungsprozesse geschoben werden, vermutet doch niemand bei einem jungen Menschen Parkinson. Vor allem die jungen Menschen, die mit der Diagnose leben müssen, möchten so viele Informationen sammeln, wie irgend möglich. Daher stellen wir dir diese Seite zur Verfügung".

Diese Einleitung passte genau auf mich, ich nahm das Telefon in die Hand und erreichte Nadine dann auch wirklich. Sie lud mich zu einer Online-Sitzung (zu Zeiten von Corona) ein und ich sagte zu. Doch die Installation der App dauerte länger als ich gedacht hatte und so verpasste ich die Sitzung. Einen Tag später hatte ich wieder das Telefon am Ohr und sprach mit Lutz, der diese Online-Treffen immer leitete und als Ansprechpartner fungierte. Seitdem bin ich dabei und Mitglied bei den Parkinson Youngsters. Diese Entscheidung sollte ich bis zum heutigen Tage nie bereuen. Bei vielen Dingen die vor mir standen halfen mir die Youngsters. Den Sachverstand der vielen Mitglieder und deren Erfahrungen konnte ich mir so zu Nutze machen. Egal ob es um meinen Antrag der Erwerbsminderungsrente, die Höherstufung meiner Behindertenprozente, die Geltendmachung einer Pflegestufe oder die Information einer Komplextherapie, das sind nur einige der Hilfen, die ich von der Selbsthilfegruppe bekommen und angenommen habe. Doch es gab da noch etwas, dass die Gruppe mir gab. Ich fühlte mich nicht mehr alleine und das war nicht mit Gold aufzuwiegen. Ich gehöre nun dazu und bekomme die Unterstützung, die ich brauche. Wenn ich mir recht überlege, was die Nadine da auf die Beine gestellt hat und das in so einer kurzen Zeit, das ist schon sehr bemerkenswert. Bei den Parkinson Youngsters arbeiten und helfen alle Mitarbeiter im Ehrenamt und das bei einem national tätigen Bundesverband. Respekt! Es gibt trotzdem eine Sache, die ich hier noch ansprechen möchte. Die Parkinson Youngsters haben natürlich auch hohe Ausgaben und Kosten. Diese sind nur durch die Mitgliedsbeiträger nicht zu decken. Deshalb wäre es schön, wenn sich Unterstützer finden, die mit einer finanziellen Spende, egal um welchen Betrag es sich handelt, der Selbsthilfegruppe unter die Arme greifen würden.

Bei einem der Treffen der Parkinson Youngsters wurde das Thema Komplextherapie besprochen.
Die multimodale Komplexbehandlung ermöglicht Parkinson-Erkrankten eine umfassende und individuell für jeden Patienten angepasste Therapie.
Die Kosten für eine Komplexbehandlung der Parkinson-Krankheit übernimmt einmal im Kalenderjahr die Krankenkasse.
Nötig dafür ist aber die Einweisung durch den behandelnden Neurologen.
Dabei wird der Patient umfassend durch eine ärztliche Betreuung mit Ergänzung von diagnostischen Maßnahmen und schrittweiser Optimierung der medikamentösen Behandlung in einem Zeitraum von zwei bis drei Wochen betreut.
Die Intensität der Therapien durch ein multidisziplinäres Team hat dabei oberste Priorität.
Das Training erfolgt in mehrfach täglichen spezialisierten Einzel- und Gruppentherapien.
Multidisziplinäres Team? Was ist das denn?
Das multidisziplinäre Team besteht dabei überwiegend aus Fachärzten für Neurologie, Neuropsychologinnen, interdisziplinären Therapeuten mit den Bereichen Physio-, Sport- und Ergotherapie, Logopädie sowie einem engagierten Pflegeteam.
Die Patienten benennen ihre individuellen Beeinträchtigungen. Bei kognitiven Einschränkungen wird dies durch ihre Angehörigen

erfolgen. Anschließend wird ein gemeinsames Vorgehen mit der Festlegung der persönlichen Therapieschwerpunkte und -ziele festgelegt. Der Fokus liegt auf transparenten Therapien und die Optimierung der Medikation des Parkinson-Patienten.
Das Therapieziel umfasst die Verbesserung der Lebensqualität und den Erhalt der größtmöglichen Eigenständigkeit im Alltag mit Teilhabe am gesellschaftlichen Leben.

Bisher habe ich persönlich noch keine Komplextherapie besucht. Das wird sich aber bald ändern, denn ich bin in einer Klinik in Schleswig-Holstein für 15 Tage eingetragen worden.
Ich wünsche mir dadurch wieder etwas besser das so schwer gewordene Alltagsleben bewältigen zu können.

Ich stöberte mal wieder durch das Internet und wollte einfach nur Neues erfahren, da fiel mir dieser Satz eines Parkinson-Erkrankten auf.

„Ich wollte aufgeben, als die Krankheit drohte, meine körperliche und geistige Gesundheit zu ruinieren. Doch ich entschloss mich einfach alles umzudrehen, um gesünder, glücklicher und energischer zu sein, als ich es vor meiner Diagnose war!"

Mit diesem Satz macht ein Unternehmen Werbung für ihre Therapie. Eine Unverschämtheit finde ich. Ich kann mir nicht vorstellen, dass irgendein Parkinson-Betroffener gesünder und glücklicher sein kann, als vor der Krankheit. Wie soll er denn gesünder werden? Morbus Parkinson, soviel wissen wir ja nach 129 Seiten jetzt, ist bis zum heutigen Tag unheilbar. Also was will das Unternehmen uns damit sagen? Sie wollen mit uns Hoffnungslosen mit verlogener Hoffnung Geld verdienen, ist meine Meinung. Natürlich gibt es Therapien, das wissen wir ja mittlerweile, die die Parkinsonsymptome ein klein wenig reduzieren oder verbessern können. Doch mit den Worten gesünder und glücklicher als vor der Diagnose Parkinson zu werben, ist einfach nur unverschämt.

Weltweit nimmt Parkinson drastisch zu, aber die Öffentlichkeit bekommt dies gar nicht so genau mit. Alzheimer ist ein Thema, doch über Parkinson wird wenig gesprochen. Dabei werden die Betroffenen immer jünger und so eher zu schweren Pflegefällen. Neurowissenschaftler machen schon länger darauf aufmerksam, dass die von uns verursachten Umweltgifte, die wir in der Landwirtschaft, in der Industrie und sogar auf Sportplätzen wiederfinden einen gravierenden Anteil daran haben, dass immer mehr Menschen an Morbus Parkinson erkranken.

Jetzt frage ich mich, wo sind unsere Gesellschafter und Politiker? Warum wird dieser krankmachende Zustand einfach so hingenommen?

Die Antwort ist und bleibt immer die Gleiche.

Gewinn und Geld verdienen!

Dafür wird sogar die Gesundheit der Bevölkerung in Kauf genommen.

Der nächste Eintrag hat mich aufhorchen lassen. Unter der Überschrift, Parkinson ohne Medikamente heilen, fand ich diesen Artikel.

Diese Entdeckung könnte eine medizinische Sensation bedeuten: Forscher meinen im Jahr 2014, ein wirksames Mittel gegen Parkinson gefunden zu haben.
Ein Joghurt soll als Wundermittel im Kampf gegen Parkinson sein. Das klingt zunächst ziemlich unglaubwürdig. Doch Forscher des Max-Plank-Instituts für molekulare Zellbiologie und Genetik haben genau hier die heilsame Wirkung gegen den Morbus Tremor entdeckt. Sie entdeckten, dass D-Laktat und Glykolat die Entstehung der neurodegenerativen Erkrankung bekämpfen könnte. Die beiden Stoffe finden sich in unreifen Früchten und in einigen Sorten von Joghurt. Es muss aber griechischer, türkischer oder bulgarischer Joghurt sein. Wobei der bulgarische Joghurt zu bevorzugen wäre, denn er besitzt den Vorteil, nicht gepresst zu werden und besonders viele Bakterien zugesetzt zu bekommen. Der Joghurt ist dadurch sehr sauer, aber reich an D-Laktat, ist die Aussage der Forscher.
Sie haben in Experimenten herausgefunden, dass D-Laktat und Glykolat das Absterben der Mitochondrien stoppen kann. Das Fortschreiten des Morbus Parkinson könnte so verhindert werden. Warum der Joghurt diese heilende

Wirkung erzielt bleibt aber auch bis heute ein Geheimnis.

Erzielt er denn wirklich diese heilende Wirkung? Der von mir umgestaltete Artikel ist jetzt 9 Jahre alt und geheilt wurde bisher kein Mensch, der an Parkinson erkrankt ist. Ich bin der Meinung, wenn der Joghurt wirklich den Parkinsonverlauf stoppen könnte, hätten sich die Medien auf diese Sensation gestürzt und die Welt hätte davon erfahren.

Kommen wir nun zu einem anderen Thema, das mich schon immer sehr fasziniert hat, die Hypnose. Ich frage mich oft, kann die Hypnose mir bei meinen Parkinson-Symptomen helfen?

Ich weiß es ehrlich gesagt nicht. Aber es wäre eine Überlegung wert, es einmal auszuprobieren.

Die Hypnosetherapie soll angeblich gegen das Zittern auf verschiedene Arten helfen. Dies kann auf der psychologischen genauso wie auf der physiologischen Ebene passieren. Die Hypnose kann helfen im Unbewusstsein die richtigen Suggestionen zu geben und so das Zittern zu stoppen.

Natürlich ist es nicht immer einwandfrei klar, woher das Zittern stammt, aber grundsätzlich unterscheiden wir zwei Kategorien. Einmal in das psychische und zum Zweiten in das physische Zittern.

Die Hypnose könnte bei beiden Arten von Tremor bei unterschiedlicher Anwendung helfen.

Bevor das Zittern mit der Hypnosetherapie behandelt werden soll ist es von Vorteil, mit einem Arzt die wirkliche Ursache abzuklären.

Das psychische Zittern wird oftmals durch gewisse Gefühle und gewisse Situationen hervorgerufen und meistens durch Stress verursacht. Das Zittern kann natürlich auch durch negativ beeinflussende Gedanken und Vorstellungen ausgelöst werden.

In manchen Fällen werden die auslösenden Gefühle gar nicht bewusst wahrgenommen. Das

Ganze findet dann unbewusst statt. Sollte es sein, dass medizinisch alles versucht wurde, sich alles als unauffällig herausgestellt hat und der Mediziner ratlos ist, wäre eine hypnotherapeutische Abklärung sinnvoll.

Die hypnotherapeutische Behandlung von psychischem Zittern wird genau auf jede einzelne Person abgestimmt. Denn die grundlegenden psychischen Ursachen sind von Mensch zu Mensch unterschiedlich.
Der Umgang mit Stress oder Druck ist meistens das Thema. Menschen die anfangen zu zittern, sind oft umgangssprachlich dünnhäutig. Sich selber die benötigte innere Ruhe zu verschaffen fällt ihnen zu schwer und muss oft hypnotisch trainiert werden.
Die Fähigkeit, die eigene Energie zu bündeln und zu lenken, statt sie in Zittern aufkommen zu lassen, sollte das Ziel durch die Hypnosetherapie sein.
Es gibt eine Menge Ursachen für das unkontrollierbare körperliche Zittern. Diese sind oftmals, wie Parkinson, von neurologischer Art. Schäden im Gehirn, z.B. von Trauma, Tumor oder Schlaganfall können ein solches auslösen. Die Behandlung durch Hypnose ist bei physischen Erkrankungen wesentlich schwieriger und zeitlich länger einzustufen als bei psychischer Beeinflussung.

Eine Erfolgsgarantie gibt es aber auch für diese Behandlung nicht.

Trotz alledem kann mit der Hypnotherapie auf das Zittern Einfluss genommen werden.

Wenn das Gehirn geschädigt ist, könnte die Hypnose die Selbstheilung anregen. Stellt sich ein Erfolg ein, könnte in manchen Fällen der Tremor reduziert oder mit viel Glück sogar ganz gestoppt werden.

Dabei wird das gesamte Spektrum der Hypnose genutzt, um den Körper auf Selbstheilung einzustellen.

Die Behandlung von Zittern wie bei Parkinson durch Hypnose, kann eine Möglichkeit sein, den Morbus Tremor entgegen zu treten. Die Erfolgserwartungen sollten aber nicht zu hoch angesetzt werden.

Hypnose kann bei vielen Arten von Zittern helfen. Es bedarf dabei aber Geduld und viele Hypnosetherapiestunden.

Ich möchte und werde die Hypnosetherapie mit Sicherheit mal ausprobieren. Nur muss ich mich dafür um einen geeigneten Hypnotiseur kümmern. Gut Ding braucht Weile und ich werde deshalb in aller Ruhe weiter recherchieren.

Aufgrund der gestörten Wärmeregulation empfinden Parkinson-Betroffene hohe Außentemperaturen als sehr unangenehm und können sogar Fieber entwickeln. Als Gegenmaßnahme bei übermäßigen Schwitzen müssen Parkinson-Patienten, um eine Austrocknung zu vermeiden, bei Hitze unbedingt auf eine ausreichende Flüssigkeitsaufnahme achten.

Wärmeempfindlichkeit ist ein bekanntes Symptom bei der Parkinson-Krankheit.

Ein Anstieg der Körpertemperatur kann eine Reduzierung der Kommunikation unter den Nervenzellen verursachen. Das Ergebnis wäre dann eine Verstärkung der Parkinson-Symptome. Dazu kann schon eine Temperaturerhöhung von wenigen Zehntel Grad ausreichen.

Trinken ist ein wichtiger Faktor dem entgegen zu wirken. Also immer genügend Flüssigkeit zu sich nehmen. Koffeinhaltige Getränke wie Kaffee oder Cola regen den Stoffwechsel an, erzeugen demzufolge Wärme und sollten deswegen vermieden werden.

Hm, das widerspricht sich mit dem, dass Koffein als vorbeugende Maßnahme gegen Parkinson sein soll. Aber vielleicht hilft es auch nur bevor der Hausbesetzer sich im Kopf festgesetzt hat. Es ist besser kleinere Mahlzeiten über den Tag zu verspeisen, als große Portionen. Denn bei den großen Mengen wird während der Verdauung mehr Wärme erzeugt. Chrysanthemen-Tee ist eine vorteilhafte Wahl als Getränk, denn dieser Tee hat eine kühlende Wirkung.

Wenn im Sommer die Sonne heiß auf uns herunter scheint, schützen sie sich mit einer Kopfbedeckung. Ein nasses Tuch schützt zum Beispiel im Stau auf der Autobahn. Tragen Sie einen Hut mit breiter Krempe, wenn Sie sich in der Sonne bewegen. Das Tragen von heller Baumwollkleidung sollte im Sommer bevorzugt werden. Baumwolle nimmt den Schweiß auf und hält kühler als andere Kleidung. Eine Überhitzung ist unbedingt zu vermeiden. Vermeiden sollte der an Parkinson erkrankte Mensch die Mittagssonne. Lieber wie in südlichen Ländern eine Siesta zur Mittagszeit im kühlgehaltenen Haus oder Wohnung einlegen, als sich in der Hitze aufzuhalten. Dazu sollten die Fenster durch heruntergelassene Rollos verdunkelt werden. Morgendliches und abendliches Lüften ist ein unbedingtes Muss.

Das mit der Wärme ist komisch. Ich habe noch nie bemerkt, dass meine Symptome bei Hitze derart beschrieben ansteigen. Es kann natürlich sein, dass es auch bei mir so ist und ich es nur noch nicht bemerkt habe. Ab sofort werde ich darauf achten.

Bei Kälte habe ich eine Verschlechterung meines Körpers und eine Erhöhung der Parkinson-Symptome schon oft feststellen müssen.

In den Wintermonaten geht es Parkinson-Patienten oft wegen der Kälte schlechter als in den Monaten, die uns wohltuende Temperaturen bescheren.

Um den Körper dauerhaft warm zu halten, bedarf es einer intakten Regulation der Körpertemperatur. Bei Parkinson-Patienten ist diese Regulation aber wegen der erkrankten Nervenbahnen des vegetativen Nervensystems gestört. Da die Temperaturmessfühler der Haut ebenfalls nicht richtig arbeiten, können die an Parkinson Leidenden die Kälte oft nicht oder erst zu spät wahrnehmen.

Das Auskühlen unterstützt die Verschlechterung der Durchblutung der Haut und der Muskulatur und die Muskelsteifheit nimmt zu. Der Körper muss viel Energie aufbringen, um gegen die Auskühlung anzuheizen. Dass kostet Kraft, erschöpft den Körper und macht ihn müde. Auch ich kann bei Kälte über eine Zunahme des Tremors berichten. Oft stand ich nachts bei der Arbeit in der Kälte und konnte mich wegen der Muskelsteife nur sehr schlecht bewegen, dafür war der Tremor umso aktiver. Nimmt der Rigor zu, folgt die Bewegungsverlangsamung, alles wird langsamer und steifer.

In den Wintermonaten fehlen Sonne und Vitamin D. Dadurch leidet das im Winter eigentlich sehr aktiv arbeitende Immunsystem. Die Folge sind dann aufkommende Infekte. Dazu kommt, dass der Patient häufig in der Nacht von Schwitzattacken überfallen wird. Die Bettwäsche ist durchnässt und muss gewechselt werden. Das Atmen von kalter Umgebungsluft sollte durch die Nase praktiziert werden. Denn auf dem Weg zur Lunge ist die Strecke etwas weiter und die Luft erwärmt sich dabei mehr als durch den Mund. Beim Einatmen kalter Luft muss diese auf dem Weg zur Lunge vom Körper erwärmt werden. Eine ausreichende Versorgung mit Vitamin D (Fisch, Ei, Käse, Avocados, Champignons usw.) hilft Parkinson-Patienten besser über die kalte Jahreszeit zu kommen

Oft können es die einfachen Dinge sein, die den Parkinson-Erkrankten helfen. So wie von mir recherchiert und beschrieben, kann das richtige Atmen schon zu unserem Wohlbefinden beitragen. Es müssen nicht immer die teuren Medikamente oder Nahrungsergänzungsmittel sein.

Eventuelle Ursachen für einen ungewollten Gewichtsverlust können bei Parkinson Magenentleerungsstörung oder Verstopfungsstörungen sein. Die Betroffenen fühlen sich meistens satt und haben keinen Appetit. Schluckbeschwerden und der verloren-gehende Geschmackssinn dämpfen die Freude an der Mahlzeit. Auch Depressionen können in Verbindung mit Parkinson die Appetitlosigkeit vorantreiben.

Kommen noch Überbewegungen, die eine Menge Energie kosten dazu, kommt es oft zum Gewichtsverlust. Ursache einer Verminderung des Essens könnte auch die Medikamenteneinnahme sein. Da zwischen der Einnahme von Levodopa und proteinreicher Nahrung die Zeiten beachtet werden müssen, kann es vorkommen, dass dabei öfter eine Mahlzeit ausgelassen wird.

Der Körper baut zuerst Fett und dann Muskelmasse ab. Das führt dann zur Verringerung von Ausdauer, Kraft und Beweglichkeit.

Das Gewicht eines an Parkinson-Syndrom Leidenden sollte immer im Blick gehalten werden. Kleinere Gewichtsschwankungen können wie bei allen Menschen normal sein.

Sollte aber ein größerer Gewichtsverlust eintreten, empfiehlt sich hochdosierte Kalorientrinknahrung, um dagegen zu steuern.

Da gibt es noch ein Thema, dass ich vorher schon mal angerissen habe. Lange habe ich überlegt, ob ich darüber überhaupt etwas schreiben soll. Eigentlich spricht darüber niemand, denn es könnte peinlich werden und blamieren möchte sich kein Mensch, egal ob mit oder ohne Morbus Parkinson. Da dieses Buch aber auch als Ratgeber in Sachen Parkinson dienen soll, muss ich über die Sexstörungen bei Parkinson schreiben.

Dopaminagonisten wie zum Beispiel Pramipexol können bei Patienten mit Morbus Parkinson zu Impulskontrollstörungen führen. Patienten berichten dann von einer erhöhten Libido, die nur schwer unter Kontrolle zu bekommen ist. In diesem Fall wäre es der Beginn einer Sexsucht. Außerdem haben sie das Bestreben nach erhöhtem Konsum und geben Unmengen an Geld dafür aus (Kaufsucht).

Ein Grundbedürfnis des Menschen, ist neben dem Essen und Trinken der Sex. Doch dieses Thema wird meist überhaupt nicht oder nur hinter vorgehaltener Hand besprochen. Viele Menschen leiden unter sexuellen Problemen. Bei Morbus Parkinson sollen es ungefähr 50% aller Betroffenen sein, die sexuelle Probleme haben. Bei Männern treten Erektionsprobleme mit der Diagnose Morbus Parkinson etwa 4-mal häufiger auf als bei Personen ohne Parkinson. Es gibt aber auch Parkinsonmedikamente, wie oben beschrieben, die zu einer Steigerung der sexuellen Lust führen können. Dies kann in der Partnerschaft zu Problemen führen.

Durch die aufgekommene Unzufriedenheit mit der Sexualität kann es zu einer Beeinträchtigung der Beziehung kommen. Oft trennen sich dann die Wege in der Partnerschaft. Um dem zuvorzukommen, sollte der Arzt rechtzeitig informiert werden. Der Arzt sollte immer wissen, was für Probleme im Alltag aufgrund der Parkinsonkrankheit bestehen. Nur dann kann er unterstützend eingreifen und eine spezifische Therapie anordnen.

Wichtig dabei ist, auch weiterhin die Nähe und Zärtlichkeit mit dem Partner zu suchen. Nur gemeinsam kann das Problem bewältigt werden. Dabei sind Geduld und Einfühlsamkeit wichtige Tugenden.

Doch es gibt da noch eine andere Sache, die beim Sex stört. Jetzt bin ich ein Mann und kann dieses Thema nur aus meiner Sicht und Erfahrung beschreiben. Die nächsten Sätze kosten mir meinen ganzen Mut sie hier aufs Papier zu bringen. Es gibt Tage da steht der kleine Freund wie gewöhnlich, manchmal auch länger als normal. Tritt dieser Fall ein ist der Sex meistens schön und genussvoll. Ich glaube, das sind die wenigen

Momente, wo mein Bewohner Parkinson durch was auch immer abgelenkt ist. Vielleicht muss er ja doch irgendwann einmal kurz schlafen und verpasst so die Gelegenheit mir mal wieder eins auszuwischen. Doch jetzt kommt das Aber.

Er ist zu oft nicht abgelenkt und versaut mir dann die Freude beim Beischlaf. Er mag es gar nicht, dass ich Lust verspüre und dieser Lust nachgehe. Werden dann Zärtlichkeiten ausgetauscht, bin ich nie zu zweit im Bett. Immer sind wir zu dritt. Parkinson geniert sich noch nicht einmal, wenn er mich dabei stört. Auf jeden Fall schafft er es immer wieder eine Erektion zu verhindern. Und je öfter er dies hinbekommt, desto verzweifelter werde ich. Zum Schluss braucht er gar nicht mehr eingreifen, seine alleinige Anwesenheit reicht schon aus, den kleinen Freund einschlafen zu lassen. Egal wie sehr ich mich dann bemühe, er ist einfach zu stark für mich. Noch nicht einmal die kleinen blauen Dinger des Pharmariesen, der die Parkinsonforschung eingestellt hat helfen dann. Der Stress wird immer größer, das Lachen von ihm immer lauter und meine eigene Enttäuschung reicht bis in die unendlichen Weiten. Es ist einfach nur zum Heulen. Doch es gibt auch Tage, da schlägt ein Absteiger den Championsleague-Sieger. Manchmal bin ich dann wie der FC St. Pauli Championsleaguesiegerbesieger. Hört sich doch toll an. Naja. Im Kopf sexsüchtig und vom Körper zu oft impotent, das ist das Schicksal mit dem der Parkinson-Erkrankte oft leben muss.

Der Gesichtsausdruck eines Menschen spiegelt seine emotionalen Erlebnisse wie Freude oder Ärger wider. Bei Parkinson-Patienten ist der Gesichtsausdruck nicht mehr so ausdrucksstark. Die Emotionen des Betroffenen sind nicht mehr schnell und unmittelbar zu erkennen.
Da das Sprechen und Schlucken Probleme bereitet, kann der Patient meist nur leiser und monotoner sprechen. Die Gesichts- und Halsmuskulatur verliert an Stärke und wird unbeweglicher.
Der Gesichtsausdruck und das Mienenspiel sind wichtige Bestandteile bei der zwischenmenschlichen Kommunikation. Durch Parkinson kann die Mimik eingeschränkt sein, dann stärken Worte den Austausch der Unterhaltung.
Kleine Nuancen machen dabei die zwischenmenschliche Kommunikation lebendig und lassen uns die Stimmung und die Haltung des Gegenübers erkennen. Das Hochziehen einer Augenbraue drückt Erstaunen aus oder ein angedeutetes Lächeln kann gute Laune vermitteln. Ein Augenzwinkern deutet an, dass jemand ihnen etwas mit viel Spaß erzählt hat.
Die durch Parkinson fehlende Beweglichkeit der Gesichtsmuskulatur, kann daher leicht zu Missverständnissen in der Kommunikation führen.

Oft wird der Parkinson-Erkrankte aufgrund seines Maskengesichts für abwesend und schlecht gelaunt gehalten.

Wichtig ist, dass das Umfeld des Parkinson-Patienten über die Mimiklosigkeit informiert ist. Nur so können Missverständnisse verhindert werden.

Um trotzdem erfolgreich zu kommunizieren, sollten Angehörige darauf achten, ihre Gefühle bewusst und häufiger als sonst in Worte zu fassen. Auch öfter nachzufragen, wie der andere sich fühlt und was er denkt, entspannt die Situation.

Je öfter über die persönliche Stimmungslagen gesprochen wird, desto eher kann der Gesprächspartner die inneren Gefühle des Betroffenen erkennen. Auf gar keinen Fall sollte der Parkinson-Betroffene wegen des fehlenden Mienenspiels sozialkontaktlich gemieden werden.

Wichtig ist, die Gesichtsmuskeln mehrmals in der Woche zu trainieren. Dies kann jeder alleine vor dem Spiegel probieren, indem man kontrollierte Grimassen erzeugt, die Stirn runzelt, die Mundwinkel hochzieht und die Buchstaben a, o, u, i und e mit weit geöffnetem Mund aufsagt, und die Nase bewegt. Aber auch eine sehr betonte Unterhaltung hilft beim Üben. Witze erzählen und dabei herzhaft lachen ist beim Training aber unschlagbar.

Oft hörte ich schon, dass meine Frau sagte, ich würde mich gar nicht für das, was sie sagt interessieren. So ist es aber nicht. Ich interessiere

mich sogar sehr dafür, nur spiegelt mein Gesichtsausdruck das wohl nicht wider. Auch schaute mich auf einer Party einer meiner Freunde ganz erstaunt an. Ich sah ihn an und fragte: Warum er mich so ansehen würde? Seine Antwort vergesse ich im Leben nie mehr. Endlich sehe ich dich mal wieder lachen, war sein Kommentar.
Mir selbst ist das die ganze Zeit gar nicht aufgefallen, meinen Freunden aber doch.
In einer Fortbildung, die ich besuchte als ich noch aktiv arbeitete, beurteilte mich nach drei Tagen der leitende Psychologe mit folgenden Worten:
Ich würde immer desinteressiert und geistig abwesend wirken. Teilnahmslos ohne Gesichtsausdruck die Zeit absitzen wollen. Doch bei den anschließenden Befragungen der besprochenen Themen, konnte ich bis auf das kleinstdiskutierteste Detail alles wiedergeben und anschließend darüber rege Gespräche führen.
Mein äußerer Eindruck würde von meinem Umfeld falsch interpretiert werden.

Da ich nun zum Ende komme, möchte ich noch ein anderes Problem von mir hier an den Leser bringen. Wer meint, ich tippe mal eben so mir nichts dir nichts ein Buch über die Tastatur, der irrt sich gewaltig. Auch hier ärgert mich mein Untermieter gewaltig. Es ist nämlich so. Ich drücke die Tasten und schreibe den Satz, der mir gerade einfällt. Danach schaue ich auf das Display meines Bildschirms und ich sehe dies: auch hierr ääääärgert mich meein uNtermieter gewaltig. So ungefähr sehen meine geschrieben Sätze meist aus. Die Finger zittern beim Schreiben und sind nicht so beweglich, wie sie sein sollen, deshalb darf ich hier jedes zweite Wort korrigieren und das ist sehr zeitaufwendig. Mein Feind Parkinson freut sich dafür umso mehr und es gibt ihm die Befriedigung, die er braucht. Soll er sich doch freuen. Ich schreibe mein Buch trotzdem weiter und entschuldige mich hier für den einen oder anderen Fehler, den ich übersehen habe. Es ist schon schwierig genug so viel zu schreiben. Oft fällt mir dann etwas ein, sitze aber nicht an der Tastatur und später, wenn ich die Möglichkeit habe es einzutippen, ist es mir entfallen. Ja, Parkinson ist sehr neugierig. Er durchwühlt all meine Schubladen und wenn er meint, das eine und andere brächte ich nicht mehr, dann räumt er es aus. Langsam leeren sich so meine Schränke. Wenn er wenigsten fragen würde. Doch das käme für ihn nie in Frage. Er handelt immer nur eigenmächtig. Das ist nun mal sein Charakter. Ohne Mitleid, egozentrisch und kontrollergreifend, das sind seine bevorzugten Eigenschaften.

Dazu verändert er das Wesen seines Vermieters. Die meisten Menschen denken vor allem an das Zittern der Gliedmaßen, wenn sie wegen Morbus Parkinson angesprochen werden. Die Gefühlswelt, die geistige Leistungsfähigkeit und das Verhalten ändert sich durch die Krankheit fortlaufend wie das Zittern beim Morbus Tremor. Nur wissen das die wenigsten Leute. Doch genau diese Veränderungen können bei einer Parkinson-Erkrankung für die Betroffenen und deren Angehörige die größte Herausforderung darstellen.

Die Persönlichkeit eines Menschen beinhaltet mehrere komplexe Stufen. Dazu gehören zum Beispiel die Gedanken, die Gefühle, die Reaktionen, die Träume und die Wünsche, aber auch krankheitsbedingten Veränderungen.

 Hier einige Beispiele:
- Erschöpfung, Tagesmüdigkeit (auch Fatigue genannt)
- Konzentrationsstörungen
- Depressive Emotionen und Verhaltensweisen, bis hin zu einer manifesten Depression
-Angstgefühle
- Vergesslichkeit, Verwirrtheit und Orientierungsstörungen bis hin zu einer Demenz. Psychotische Anzeichen wie Halluzinationen oder Wahnvorstellungen, häufig durch Parkinson-

Medikamente ausgelöst.

Manche Menschen im Umfeld des Parkinson-Erkrankten meinen sogar eine Sturheit zu erkennen. Doch Vorsicht! Im Inneren der Person kann es völlig anders aussehen.

Sollte dies der Fall sein, ist es von Vorteil, wenn der Angehörige das dem behandelnden Arzt mitteilt.

Besonders bei psychotischen Veränderungen müssen möglicherweise die Medikamente gewechselt werden.

Treten Persönlichkeitsveränderungen, egal welcher Art auf, könnte eine Änderung der Parkinson-Therapie die Stimmungslage verbessern. In seltenen Fällen kann es auch zu selbstzerstörerischem Verhalten kommen, spätestens dann ist eine stationäre Behandlung von Nöten.

Betroffene und Angehörige sollten eine Patientenverfügung und Vorsorgevollmacht für den Fall einer späteren Demenz notariell beurkunden lassen.

Persönlichkeitsveränderungen bei einer Parkinson-Erkrankung werden in drei mögliche Ursachen aufgeteilt.

Durch die Parkinson-Krankheit kommt es zum Ungleichgewicht der Neurotransmitter im Gehirn. Am meisten ist Dopamin betroffen, aber auch Serotonin, Noradrenalin und Acetylcholin sind in ihrer Eigenproduktion gestört. Deshalb gibt es ein

Ungleichgewicht in bestimmten Hirnarealen und das führt zu den oben genannten psychischen Auffälligkeiten, wie zum Beispiel einer depressiven Verstimmung. Auch eine eventuelle Demenz wird hier eingeordnet.

Die mentale Belastung durch die unheilbare, fortschreitende Erkrankung kommt dann auch noch dazu. Es kann zu Belastungsreaktionen wie Depression, Angststörungen und weiteren psychischen Beschwerden durch die chronische Krankheit kommen. Ein sicheres soziales Netz, wie eine intakte Familie und Freundschaften, können genauso wie Hobbys eine bessere emotionale Situation bewirken.

Ich möchte dann noch einem weiterverbreiteten Irrglauben den Wind aus den Segeln nehmen. Bei Parkinson gibt es keine Schübe! Es gibt „On-Phasen" und „Off-Phasen". Diese sogenannten Phasen werden über die Medikation geregelt. Also die angeblichen Schübe, wie sie bei MS-Erkrankten vorkommen gibt es bei der fortlaufenden Parkinson-Erkrankung nicht.

Mein Nachwort zu dem allem hier:
Die Parkinson-Diagnose ist ein Schock für jeden Betroffenen. Der Überbringer knockt dich mit dem Satz, „Sie haben Parkinson", aus. Die Worte sind wie brennende Peitschenhiebe. Die Narben bleiben ein Leben lang auf deiner Seele haften. Zuerst kannst du es gar nicht glauben. Du fühlst dich doch gar nicht krank. Dann hoffst du, dass die Mediziner falsch liegen und holst dir eine Zweitmeinung ein. Doch auch der Neurologe bestätigt das Erstergebnis seines Kollegen. Sicher bist du danach immer noch nicht und du holst zum letzten hoffnungsvollen Schlag aus. Kurze Zeit später wird dir die radioaktive Kontrastflüssigkeit gespritzt und fünf Stunden später liegst du in der Röhre zum Dat-Scan.
Dieser Dat-Scan ist der letzte Grashalm, an dem du dich klammerst. Langsam vergeht die Zeit und du spürst, wie der Grashalm sich lockert. Du packst fester an und der Halm wird noch lockerer. Jetzt kommt der Moment, an dem du anfängst selbst zu Zweifeln. Irgendwann holt die Arzthelferin dich dann aus der Röhre. Kommentarlos was das Ergebnis angeht lächelt sie dir zu und du hast noch einen kleinen Funken Hoffnung. Jetzt wartest du auf den Überbringer, meistens der Chefarzt persönlich. Die Minuten werden zu gefühlten Stunden. Deine Nervosität steigt und Stress baut sich im Inneren auf. Genau jetzt passiert etwas, das alle Tests und Untersuchungen überflüssig

macht. Der Morbus Tremor lässt deinen Arm leicht zittern. Du weißt, der Chefarzt wird dir eine positive Diagnose überbringen, die negative Auswirkungen für dich haben wird. Das Zittern deines Armes wird auch für andere sichtbar. Aus Schamgefühl setzt du dich einfach auf die zitternde Hand und hoffst so, dass es niemand bemerkt. Diesen Vorgang wiederholst du in den nächsten Monaten fast täglich. Dann endlich steht der Chef vor dir und knallt dir ohne Mitgefühl die Parkinson-Bestätigung vor den Latz. Im Endeffekt bestätigt er nur das, was du die ganze Zeit gewusst, aber gehofft hast, dass es nicht wahr ist.

Du bist auf dem Weg nach Hause ohne jegliche Hoffnung auf Heilung und überlegst weinend wie dein Leben jetzt weitergeht. Dein Kopf ist leer. Nee doch nicht ganz leer, Parkinson ist ja jetzt dort drin. Er fängt an, es sich bequem zu machen. Er braucht etwas Zeit sich an sein neues Heim zu gewöhnen und lässt dich deshalb anfangs auch zufrieden. Doch mit der Zeit fühlt er sich wohl und schickt mal ab und zu ein paar Lebenszeichen von sich zu dir. Zuerst machst du in deinem Umfeld genauso weiter wie immer. Doch du fühlst nach einiger Zeit die Blicke und kommentarlosen Fragen deiner Mitmenschen. Du liegst im Bett und denkst über deine Krankheit nach. An Schlaf ist meist nicht zu denken und du stehst auf, fährst den Rechner hoch und durchforschst mitten in der Nacht das World Wide Web. Du weißt, es gibt keine Hoffnung Parkinson wieder loszuwerden. Sein Mietvertrag ist auf Lebenszeit ausgestellt. Trotzdem hoffst du hoffnungsvoll noch hoffen zu dürfen. Dann liest du dir die vielen Seiten mit Anzeigen, die dir helfen sollen den Störenfried in deinem Kopf besiegen zu können durch und bist in dem Bann, ihn doch noch bekämpfen zu können. Die Pharmaindustrie wirbt für ihre Produkte mit dem Versprechen die Symptome aufzuhalten. Ganz dreiste Anzeigen reden sogar von ihren Nahrungsergänzungsmitteln als sensationelle Wundermittel, die angeblich Heilung bringen. Du fängst an den ganzen Mist zu glauben, obwohl du es besser weißt. Neue Therapien, die dir helfen den Kerl aus deinem Kopf zu bekommen, werben in leuchtenden Schriftzügen vom Bildschirm. Du überlegst und haderst mit dir selbst. Doch du besiegst den Gegner Vernunft und lässt die Unvernunft dich lenken. Du bestellst ein angebliches Wundermittel für teures Geld, nur um einige Wochen später festzustellen, dass du deine Moneten besser hättest an die Parkinsonforschung spenden sollen. Das passiert noch ein paar Mal, bis du merkst, du wirst im Internet nur verarscht. Nun fragst du dich, warum ich? Doch der Mann in deinem Kopf namens Parkinson fragt dich zurück, warum nicht du? Er weiß, du hoffst noch und dann lacht er dich immer lautstark aus.

Aufgeben ist aber trotz der hoffnungslosen Situation keine wirkliche Option. Es gibt da sowieso nur zwei Alternativen. Die Erste wäre dem Allen ein Ende zu bereiten und aus großer Höhe ohne Flügel auf den Asphalt klatschen. Habe ich das jetzt wirklich geschrieben?

Die armen Angestellten der Stadt, die meine Fleischreste aufsammeln und die Aufschlagsfläche reinigen müssen. Auch eventuelle Zeugen werden in ihrem Leben dann von Albträumen geplagt sein. Nee, eine wirkliche Alternative wäre dies dann doch nicht. Der zweite Punkt hört sich da schon besser an. Die Krankheit erst einmal anzunehmen und das Bestmögliche daraus machen. Während ich die letzten Sätze schreibe, schwirren mir die Bilder Mohamed Alis durch den Kopf. Ja mein Mitbewohner öffnet sofort eine Schublade und zeigt mir lächelnd genügend Beispiele, wie mein Leben verlaufen wird. Ich habe Angst davor und der Mistkerl Parkinson weiß das. Er erlaubt mir ja noch nicht einmal mehr meinen geliebten FC im Fernsehen mitfiebernd die Daumen zu drücken. Setze ich mich aber trotz seiner Warnungen vor dem Bildschirm, erlaubt er mir dann noch mit den Stadionbesuchern die einmalige Hymne laut mitzusingen, nur um mit dem Anpfiff zu beginnen, sein Spiel mit mir zu treiben. Meine Muskeln fangen an zu zucken, als wenn ich die Finger in die Steckdose halten würde. Der Arm und das Bein wippen im gleichen unkontrollierbaren Rhythmus hin und her. Sogar meine Brustmuskeln zucken gewaltig durch das T-Shirt. Ich schaue auf die Uhr oben links des Bildschirms und sehe eine Spielzeit von 20 Minuten eingeblendet. Ich habe es versucht und schon lange ausgehalten, doch nun kommt der Zeitpunkt, in der ich die Fernbedienung des Fernsehers in die Hand nehme und die Ausschalttaste drücke. Ein paar Mal kräftig durchatmen und weg vom Fernseher. Danke Parkinson! Die Freude vielleicht einen Sieg meiner Mannschaft mitanzusehen gestattet er mir nicht mehr.

Er nimmt mir jeden Tag, Woche für Woche, Monat für Monat und das bis zu meinem Lebensende, meine Lebensqualität.

Es sind erst die winzigen Kleinigkeiten über die er sich lustig macht. Ein Beispiel gefällig? Ok. Ich stehe beim Discounter in der Warteschlange vor der Kasse. Vor mir stockt das Bezahlen und hinter mir werden die Leute schon unruhig. Ich spüre wie mir der Kerl hinter mir nun schon zum dritten Mal seinen Einkaufswagen in die Hacken schiebt. Die ersten beiden Male habe ich es ignoriert, doch jetzt drehe ich mich um, nur um in ein gestresstes unfreundlich wirkendes Gesicht zu sehen. Auch er sieht mir in die Augen und ich spüre, jetzt ein falsches Wort und die Situation eskaliert. Endlich bin ich am Band und kann an der Kasse die Einkaufswaren auflegen, da ruft ein Angestellter durch den Raum, dass wir auch an der anderen Kasse auflegen können. Ich ärgere mich, da ich 20 Minuten in der Schlange warten musste, blicke zurück und sehe wie der Kerl hinter mir vor Wut fast explodiert, während er seine Wahren direkt nach mir auf das Band packt. Als ich dann an der Reihe bin, schiebt der Kassierer die Waren schneller über den Scanner, als ich diese einpacken kann. Ich fühle meinen Mitbewohner und der lässt wie aus dem Nichts meine Hände zittern. Die Kasse zeigt einen Betrag von 37,76 Euro an. Der Kassierer und vor allem der Mann nach mir warten darauf, dass ich bezahle. Die Hälfte der gekauften Sachen muss ich aber noch einpacken und das dauert allen anderen Anwesenden viel zu lange. Als es dann geschafft ist, zücke ich das Portemonnaie schwerfällig und langsam aus der Hosentasche. Nicht nur ich bemerke, wie meine Hände zittern. Ich spüre die Ungeduld des Mannes hinter mir genauso wie die vom Kassierer. Zu meinem Unglück beult sich das Portemonnaie durch das viele Kleingeld weit aus. Jetzt wäre die Möglichkeit, dass viele Kleingeld loszuwerden. Ich versuche also das Kleingeld abzuzählen und verliere durch das Zittern meiner Hände zum vierten Male eine Münze. Ich bekomme so langsam Angst gelyncht zu werden. An der Kasse nebenan geht es wesentlich schneller. Als mir das Kleingeld noch einmal aus der Hand fällt, sage ich einfach, ich zahle mit Karte. Jetzt haut mir der Kerl zum vierten Mal seinen Einkaufswagen in die Hacken und das mit voller Absicht.

So oder ähnlich spielt sich das Leben eines Parkinson-Betroffenen ab. Entweder man lernt dabei die Ruhe zu bewahren oder man geht vor die Hunde.

Das Schlimme mit der Krankheit zu leben ist, dass es nur noch einen Weg gibt und der führt den Berg herunter. Wenn ich im Fitnessstudio die jungen aufstrebenden Sportler sehe, in ihrer Entwicklung noch so ausbaufähig, deren Weg bergauf verläuft, kommen in mir Sehnsüchte früherer Zeiten auf. Auf ihrem Weg komme ich ihnen abwärts entgegen und sie sehen mich mitleidsvoll an. Wenn die wüssten, dass ich da herkomme, wo sie hinwollen. Der Weg, den sie nehmen, den bin ich Jahrzehnte vor ihnen gegangen. Doch ich kann schon lange nicht mehr die Überholspur, die früher für mich reserviert war benutzen. Heute schleiche ich eher den Standstreifen entlang und hoffe irgendwie die nächste Ausfahrt zu erreichen.

Parkinson sieht dann durch meine Augen und sucht sich vielleicht schon sein nächstes Opfer aus. Im Studio sind wir nämlich schon zu fünft und ich der Jüngste.

Die Krankheit entwickelt sich je nach Person unterschiedlich. Niemand kann die Geschwindigkeit, wie schnell sie voranschreitet, vorherbestimmen. Ich versuche mit meinem Sport als Behandlungstherapie dagegen zu halten. Natürlich erfolglos, aber ich hoffe die Geschwindigkeit, die Parkinson benötigt um seine

Krankheit immer weiter an mich zu übertragen, stark reduzieren kann. Ob dies bisher klappt weiß ich nicht, denn ich habe keinen Vergleich was wäre, wenn ich keinen aktiven Sport betreiben würde.

Ich bin so wie ich eben bin. Aber ich bin nicht mehr der, der ich mal war. Mein eigentliches Ich wurde von Morbus Parkinson entführt und eingesperrt. Lebenslänglich ohne Chance auf Haftentlassung. Egal wie laut ich rufe, wie stark ich in der Dunkelheit gegen die Zellentür hämmere, es hört mich niemand und es kommt auch niemand, um mich zu befreien. Es interessiert die Öffentlichkeit nicht, dass Parkinson mich und viele meiner Schicksalsgefährten überfallen und in Besitz genommen hat. So wie die Prinzessin vom geliebten Edelmann träumt, so träume ich von einem Helden der Forschung, der es schafft mich zu erlösen. Wer bin ich eigentlich noch? Ich kann darauf keine richtige Antwort geben.

Ich weiß aber, wer ich ohne Parkinson war und noch wäre. Ein selbstbewusster, sportlicher, vorangehender, ordnungsliebender Mann, der immer versucht die Führung zu übernehmen. Manche sagen sogar ich bin attraktiv, doch Parkinson hat mich unattraktiv gemacht. Das Selbstbewusstsein schwindet immer mehr. Der sportliche Body trägt nun einen leichten Bauchansatz und die Muskeln sind fast verschwunden. Voran gehe ich schon lange nicht mehr und bei der Ordentlichkeit kapituliere ich auch immer öfter. Der Staub auf dem Armaturenbrett lässt grüßen.

Ich habe viele neue Gesichter in der letzten Zeit durch meine Krankheit kennengelernt und viele mich. Beim PingPongParkinson oder in der Selbsthilfegruppe der Parkinson Youngsters kennen die Menschen mich jetzt. Aber kennen diejenigen mich wirklich? Nein, das tun sie nicht. Sie kennen nur den an Parkinson leidenden Michael. Mich kennen, tun nur die Bekannten, die mich vor dem Einzug meines Hausbesetzers kannten. So wie ich wirklich wäre, weiß keiner, der mich heute erlebt. Was mir dabei wirkliche Angst bereite, ist das, dass ich nicht weiß wohin die Reise gehen wird. Wie weit wird Parkinson mich kontrollieren? Kann ich ihm Paroli bieten und meine Selbstständigkeit wahren? Wird mein Körper mir oder ihm gehorchen? Viele Fragen, kaum die richtigen Antworten. Niemand kann in die Zukunft schauen. Doch eines ist gewiss. Mein Untermieter wird sich immer breiter machen und seinen Bereich in meinem Kopf, aber auch in meinem ganzen Körper ausbauen. Er wird mich nicht fragen, er nimmt sich einfach was er will. Es ist zum verrückt werden. Ohne Hoffnung, aber auch ohne das Wissen, was mit mir passieren wird, lebe ich jeden verdammten Tag. Kann sich überhaupt irgendjemand, der die Krankheit nicht hat, vorstellen wie es ist, jeden Morgen ohne

Hoffnung aufzustehen, sich durch die Nachtschmerzen zu quälen und dann die Motivation zu haben, den Tag anzugehen? Quo Vadis? Ich weiß es nicht. Dieser Satz verfolgt mich schon das ganze Buch und trotzdem werde ich nicht schlauer. Warum ich? Auch diese Frage stelle ich mir immer wieder. Aber ich möchte auch nicht mit einem totgeweihten Krebspatienten tauschen wollen oder Multi Sklerose gegen Parkinson eintauschen. Keine Krankheit taugt wirklich etwas und es gibt einige die schlimmer dran sind als ich. Gott sei Dank bin ich nicht sterbenskrank, sondern habe nur Parkinson. Ich habe mich vor ein paar Wochen mit einem älteren Parkinson-Tischtennisspieler unterhalten. Er erzählte mir von seinem Backenkrebs im Mund. Furchtbar! 20 Jahre ist das jetzt her und er hat das Glück gehabt, dass die Mediziner mit ihm zusammen den Krebs besiegen konnten. Normalerweise ist man dann gegen alles mental geschützt und hofft für den Rest seines Lebens vor Krankheiten Ruhe zu haben. Doch der Herr im Himmel, wenn es ihn geben sollte, dachte darüber anders und schickte den unbesiegbaren Herrn Parkinson zu ihm. Krebs zu besiegen zeugt von wesentlicher Stärke, doch gegen Parkinson kann der stärkste Mensch auf Erden nur die weiße Fahne schwenken.

Zum Schluss möchte ich noch darauf hinweisen, dass ich die ganzen Erkenntnisse, die ich beschrieben habe, aus eigenen Erfahrungen oder im Internet gelesen und mit eigenen Worten wiedergegeben habe. So wurde von mir versucht gleiche Schriftpassagen zu vermeiden. Natürlich sind überall Ähnlichkeiten vorhanden, es liegt aber auch daran, dass alle anderen Autoren den gleichen Morbus Parkinson und seine Symptome beschreiben wie ich und niemand erfindet das Rad neu.

Des Weiteren möchte ich mich bei meiner Frau bedanken. Sie hat es nicht immer leicht mit mir. Vor kurzem haben wir zusammen gesessen und über die Situation gesprochen, als ich sah, wie plötzlich Tränen aus ihren Augen über ihre Wangen liefen. Mit den Worten, dass ich doch gar nicht der Mann sei, in dem mich Parkinson verwandelt, sah sie mich an. Das war der Moment indem mir mein Herz einen Stich versetzte. Diese Worte haben mich tagelang beschäftigt und traurig gemacht. Parkinson hat mich persönlich überfallen, erschwert aber auch das Leben meiner Frau und allen anderen in meiner Familie. Es ist schlimm und unerträglich meine Frau wegen meiner Krankheit so leiden zu sehen.

Bedanken möchte ich mich auch bei den Mitgliedern der Parkinson Youngsters, die mir sehr geholfen haben.

Dazu darf ich nicht die aktiven Spieler der PingPongParkinson Gemeinschaft vergessen. Sie nahmen mich wie viele andere in ihrer großen Familie auf und gaben mir das Gefühl etwas erreichen zu können.

Ein Dankeschön auch an den TTV-Hervest Dorsten, der aus meiner anfänglichen Therapie Tischtennis zu spielen ein neues Hobby machte. Nicht nur meine Bronzemedaille bei der PingPongParkinson Weltmeisterschaft im Doppel 2022 in Pula-Kroatien bestätigen meinen Ehrgeiz mich nicht von Parkinson unterkriegen zu lassen.

Auch die Ehrung der Stadt Dorsten mit den Titeln Sportler des Monats Oktober 2022, die goldene Ehrenmedaille für besondere sportliche Leistung im Jahr 2022 und zum Schluß als Mitglied der Mannschaft des Jahres 2022 geben mir trotz Parkinson ein Gefühl etwas erreicht zu haben und in Zukunft auch wieder erreichen zu können.

Hans Georg vom PingPongParkinson Stützpunkt in Dülmen möchte ich hier auch noch einmal loben. Auch er hat mich freundschaftlich aufgenommen und bot mir seine Hilfe an.

An alle anderen, die ich hier nicht erwähnt habe, möchte ich mich auch für ihre Unterstützung bedanken.

Kein Bodybuilder, dafür Parkinson

Als Kind und Jugendlicher wollte ich immer Fußballer werden. Ich träumte davon, in den großen Stadien aufzulaufen. Als junger Mann zog es mich dann vom Fußball weg ins Fitnessstudio und dort träumte ich den Traum, meinen Körper dem eines Bodybuilders gleichzustellen. Erreicht habe ich keines von beiden. Bekommen habe ich Parkinson. In meinem hier beschriebenen Lebenslauf möchte ich meine sportlichen und krankheitsbedingten Erinnerungen wiedergeben. Es geht mir darum, mich später mit diesen Zeilen an diese Episode meines Lebens erinnern zu können.

Vielleicht liest der eine oder andere Leidensgenosse und Leidensgenossin meine Sätze und findet sich in ähnlicher Weise wieder.

Erzählt wird die Geschichte eines Jungen, der in den Siebzigern des zwanzigsten Jahrhunderts in einer Bergbausiedlung groß geworden ist. Viele kleine und große Erlebnisse begleiten den Leser und geben ihm Einsichten in das Leben der Menschen des nördlichen Ruhrgebietes. Das Geschriebene wurde in der üblichen Sprache des Reviers erfasst und unterstreicht damit das gewisse Gefühl, sich in die Region hineindenken zu können. Viele kleine Kurzgeschichten aus dem Pott werden in diesem Buch beschrieben und führen den Leser in die Welt der Kohle zurück.

In einer geheimen Konferenz beschließen einige der mächtigsten
Männer und Frauen der Welt, wie das weltweite
Bevölkerungswachstum gestoppt werden muss. Um die Macht der
westlichen Industrienationen weiterhin zu sichern und die
Umweltzerstörung in den Griff zu bekommen, beschlossen die
Anwesenden einen für die meisten Menschen tödlichen Komplott.
In den Labors der führenden Pharmaunternehmen sollen Virologen
einen Virus und gleichzeitig ein Gegenmittel herstellen, dass dann
heimlich auf die Weltbevölkerung losgelassen werden soll. Nur
eine ausgewählte Anzahl von Menschen sollte das Gegenmittel
verabreicht bekommen und so die weltweite Bevölkerungszahl
wieder in eine Richtung reduziert werden, dass ein wirkliches
Leben der Nachhaltigkeit garantiert. Doch eine Handyaufnahme
könnte die Öffentlichkeit warnen und das Vorhaben zum Scheitern
bringen.

Die Geschichte handelt über eine verlorene Liebe zwischen dem jungen Rachelle und seiner anvertrauten Ireen. Beschrieben wird der Weg der beiden von ihrer Jugendzeit bis ins hohe Alter. Der Roman führt uns mit Rachelle und Ireen durch eine nicht existierende Fantasiewelt voller Abenteuer, Brutalität und erotischer Episoden. Die Welt in dieser Zeit sollte eine Bessere werden, wurde jedoch durch Kriege und das Recht des Stärkeren geprägt. Mord, Totschlag, Raub und Vergewaltigungen waren an der Tagesordnung. Unser Liebespaar flüchtete vor ihren Peinigern und erlebte während ihrer Reise über den Kontinent viel Gutes und noch mehr Schlechtes. Das Ziel: Ein vergessenes Elfenreich

In der Liebe gefangen, handelt über Mike und Angelina. Beide
suchten sich zwar nicht, fanden aber zueinander. Sie liebten sich
vom Herzen her und wählten den Weg der Ehe. Alles schien für
beide nach ihren Wünschen perfekt zu laufen, bis sich irgendwann
die erste dunkle Wolke vor die Sonne der Liebe setzte. Doch die
Sonne verjagte die störende Wolke schnell und die Liebe setzte
ihren Weg fort. Im Laufe der Jahre gab es dann immer wieder
Höhen und Tiefen in dieser Liebesbeziehung und die Sonne wurde
immer öfter von dunklen Wolken verdeckt. Ihre wärmenden
Strahlen erreichten nur noch selten die Herzen der beiden
Liebenden und sehr oft zogen heftige Gewitter auf. Doch die
Gewitter reinigten auch die Luft und wenn die Sonne ihre Strahlen
wieder zu dem Pärchen schickte, blühte die Liebe wieder auf. Es
kam aber der Moment in dem Leben des Paares, als die
Gewitterwolken sich nicht mehr verzogen und es nur noch Blitz
und Donner gab.

Ich möchte den Roman mit den von mir geschriebenen Songtext als Einleitung beginnen. Dieser Song spiegelt die Geschehnisse, die in diesem Roman von mir beschrieben werden, wider.

Als ich im Gerichtsaal saß
und dich dreckig lächeln sah,
lief es mir eiskalt den Rücken runter,
weil ich aus deinem Munde hörte was geschah.
An meiner Tochter hast du dich vergangen,
als du mit ihr fertig warst,
hat sie sich aufgehangen.

Mit was für einem Recht darfst du weiter leben?
Ich möchte dir einfach nur die Kugel geben.
Du kannst deinen Trieb nicht kontrollieren,
andere Eltern werden auch ihr Kind verlieren.

Dich mir gegenüber sitzen zu sehen,
ist kaum zu ertragen.
Ich hoffe der Richter wird mutig sein
und nicht versagen.

Nach dem Urteil auf Bewährung,
glauben konnte ich nicht des Richters Erklärung.

Mit was für einem Recht darfst du weiterleben?
Ich möchte dir einfach nur die Kugel geben.
Du kannst deinen Trieb nicht kontrollieren,
andere Eltern werden auch ihr Kind verlieren.

Ich schrie laut nach Gerechtigkeit,
doch dazu war die Justiz nicht bereit.
Ich nahm den Revolver aus meiner Tasche
und erschoss dich,
das war meine Rache.
Eingesperrt wurde ich zu lebenslanger Haft,
viele Kinder habe ich dadurch gerettet,
aus deiner pädophilen Machenschaft.

Mit was für einem Recht darfst du weiterleben?
Ich möchte dir einfach nur die Kugel geben.
Du kannst deinen Trieb nicht kontrollieren,
andere Eltern werden auch ihr Kind verlieren.

Das Recht zu leben hast du nicht verdient,
deshalb habe ich mich meines Revolvers bedient.
Egal was ich tat,
es bringt mir keinen Trost,
meine Tochter ist begraben
und bleibt auf Ewig tot.

Und plötzlich spielten wir bei der Weltmeisterschaft,
beschreibt das Erlebnis von Michael Baltus, der als an
Parkinson-Erkrankter vor einigen Monaten als Therapieform
zum Tischtennisspielen kam und ein halbes Jahr später an
der Ping Pong Parkinson Weltmeisterschaft in Pula, Istrien
teilnahm. In diesem Tagebuch beschreibt er das Erlebte,
seine Gefühle und vieles mehr. Der Autor führt den Leser
nicht nur spannend durch das Geschriebene, nein, er gibt
auch tiefe Eindrücke in das persönliche Leben eines an
Parkinson Betroffenen.

.

© 2023, Michael Baltus
Herstellung und Verlag: BoD – Books on
Demand, Norderstedt
ISBN: 9783734744013